AF493023

# LA RIDÍCULA
# HISTORIA
# UNIVERSAL

Enrique Gallud Jardiel y Pepe Pelayo

# LA RIDÍCULA

# HISTORIA

# UNIVERSAL

# ÍNDICE

# PRIMERA CLASE MAGISTRAL
## LA REVOLUCIÓN NEOLÍTICA

Buenas a todos, mis estimados educandos y educandas.

Es conocimiento de todos que hoy es el primer día de clases, ¿no es cierto? Pues entonces, como leyeron en el Programa, están en la clase del Profesor Pericot, un servidor. Yo impartiré este ciclo de Clases Magistrales sobre Historia Universal. Pero en calidad de complemento de las materias que estudiarán en sus cursos regulares.

Nuestro paseo histórico abarcará el intervalo de tiempo que va desde el mismo instante en que un bicho feo pudo confundirse con algo parecido a ser humano, hasta las 12 de la noche del 31 de diciembre del año 1799.

Sólo espero de ustedes la mayor atención y disciplina. Ya verán que no por gusto mis clases tienen fama de ser muy entretenidas.

Como es lógico, en el primer día del ramo de Historia, ésta comenzará por el principio.

Hoy estudiaremos entonces el primer período importantísimo de la Humanidad: ¡La Revolución Neolítica! Y lo digo así, de forma tan admirativa, porque hoy al fin encontré esos signos en el teclado gringo que compré.

Pero comencemos nuestra Clase.

Para los que no vivieron en esa época, debo aclararles que la Prehistoria es el período de la vida de la Humanidad anterior a todo documento escrito. Por lo tanto el Neolítico cae en esa etapa, ya que lo único que ha llegado hasta nuestros días ha sido por tradición oral, como milagrosamente llegaron los emotivos versos:

Ojk ay chumm ñam ñam
Placatan snif oh toing...

Pero veamos qué es "revolución neolítica", pues así se le conoce al proceso de la Prehistoria, que comenzó entre los años 8000 a.C. y el 3500 a.C., a eso de las cuatro y diez de la tarde, después de la última glaciación y la posterior.

¿Revolución?, se preguntarán escépticamente ustedes y yo les responderé: sí, es difícil de creer, porque siempre revolución ha sido un cambio violento en las instituciones políticas, económicas o sociales de una nación, o un cambio rápido y profundo en cualquier cosa. Así que llamarle revolución a un cambio que duró miles de años no me parece un acierto. Pero si la Historia depende de quien la escribe, imagínense el lío de escribir la Prehistoria sin haberse inventado la escritura.

Ahora yo me pregunto, ¿por qué se llama Neolítico este período? Y ustedes, mis estimados educandos y educandas, no responderán por supuesto, porque no les pregunté a ustedes. Así que yo contestaré: se le llama así, porque de la piedra tallada que se usaba en el Paleolítico se pasó a la piedra pulida. Y no me pregunten por qué en el Paleolítico se usaban piedras y no palos, como su nombre indica, porque no les respondería. Claro, si insisten, diría que la terminación "lítico" estaba de moda en esos tiempos y bautizaron así a los períodos: Paleolítico, Neolítico, Ansiolítico, etcétera.

Ahora cabe la pregunta: ¿en qué consistió dicha "revolución"? Y como no se la formulé a nadie en específico, nadie la responderá de seguro. Por lo tanto, la debe contestar el Profesor Pericot, a pesar de que, evidentemente, él se está encargando de responderlo todo.

Pues se dice que los animales emigraron con los cambios climáticos y el hombre paleolítico cazador se dio cuenta de que era mejor abandonar su hábito nómade y en nómade 300 años se convirtió al sedentarismo (dicen que un viernes de luna llena a las 12 de la noche). Entonces pulió todas las piedras, incluyendo las piedras pómez, las piedras preciosas y las de sus riñones, comenzando a sembrar semillitas y a cambiar su dieta alimenticia, ya que al hacerse sedentario, engordó.

El proceso de adaptación fue rápido. En muy pocos cientos de años descubrió que esas semillas enterradas necesitaban agua para germinar e inventó la cestería. En menos de sesenta años comprobó que llevar el agua en cestas del río a los campos sembrados, era muy difícil, entonces inventó la cerámica y comenzó a sembrar las cosechas en macetas. Pero algo no le ajustaba y decidió sembrar a la orilla de los ríos, cosa que dejaron de hacer después, porque lamentablemente, el homo neolítico no superó el período.

Sabemos entonces que ellos se preguntaban, terriblemente preocupados, qué hacer con estas aldeas que se estaban formando, las cuales sólo le traían nuevos conflictos. Por ejemplo, qué hacer con sus necesidades fisiológicas.

Nos imaginamos que ellos mismos se responderían, pero como no lo sabemos yo asumiré esa responsabilidad de nuevo: según mis elucubraciones, como fueron recolectores alguna vez, decidieron acopiar dichos detritus y heces fecales y enterrarlos, al ser ahora agricultores. Esto provocó, sin ellos proponérselos, una explosión en la productividad, al fertilizar sus sembrados. Y al haber más alimentos, más comían. Y al comer más, más excrementos recopilaban y enterraban y así, crearon un círculo vicioso, el cual les produjo muchos excedentes de producción, al no poder comer tanto.

De ahí, inobjetablemente, pasaron a las divisiones del trabajo y la especialización. La clase trabajadora, la única productiva, siguió sembrando, pescando y construyendo. Los flojos, vagos y haraganes conformados por los jefes, artesanos, amas de casa, artistas, administradores, brujos y guerreros, intercambiaban comida a cambio de sus servicios. Nacía también la propiedad privada y la acumulación de riquezas y con ellas las protestas de los indignados.

Paralelamente, amaestraron animales como aves de corral, ganado de corral, fieras de corral. Y no quedó ni el gato sin corralito.

Fue una época dura, pero linda. Era muy tierno ver las yuntas de bueyes y cocodrilos arar la tierra juntos, las bacterias trabajando en equipo para fermentar ciertos alimentos, que después los neolíticos bebían en sus cuevas durante los largos inviernos, lo que les provocaban extensas resacas que les duraban todo el verano.

En fin, mis estimados educandos y educandas, en este período de la Gran Edad de Piedra, el homo (así nos decían en esa época), dijo: si de piedra ha de ser la cama y de piedra la cabecera, de piedra será también la tumba y le dio por morirse poniendo encima de él pedruscos, peñascos y hasta rocas, quizás pensando en que así sería más difícil resucitar y hasta salir su alma de noche.

Ahora, la pregunta que ninguno de ustedes se hace es: ¿qué ha quedado de esos duros y pétreos tiempos? Y no la respondo porque no se formuló, como dije. Sería el colmo que respondiera también preguntas que no se preguntan.

Pero como de todas formas, soy el Profesor y mi deber es enseñarles, les informo que se conocen grandes tumbas de piedra diseminadas por el mundo. Por ejemplo, Los Templos de Tarxen en la Isla de Malta y Stonehenge y Los Rolling Stone en Inglaterra.

¿Alguna otra pregunta?

# SEGUNDA CLASE MAGISTRAL
## LOS ALBORES DE LA HUMANIDAD

Buenas a todos, mis estimados alumnos y alumnas.

Les tengo que confesar que cometí una gravísima equivocación, la cual deseo corregir hoy. Pero no se preocupen, que no es tan importante.

Me explico: hoy me di cuenta de que la clase impartida ayer sobre la Revolución Neolítica, no es la primera de un curso de Historia, es la segunda. ¿Cómo me di cuenta? Les cuento: ayer llegando a mi casa, me detuve en el kiosko de la esquina para comprar el diario del domingo anterior, como es mi costumbre, y me dieron —en calidad de promoción adjunta—, el correspondiente primer capítulo de una Enciclopedia publicada por partes (la semana pasada tocó sólo la portada). Y al hojearlo, me encontré un trascendental artículo sobre la prehistoria que me hizo concientizar que antes del Neolítico, debí tocar ayer el Origen del Hombre (y el de la Mujer, claro).

Así que hoy vamos a estudiar la segunda Clase Magistral como si fuera la primera. Por lo tanto, arranquen de sus cuadernos todo lo que anotaron ayer y peguen esas páginas a continuación de la de hoy, ¿entienden?

Comencemos entonces...

Entendemos por hominización el más bien lento proceso de desasnamiento de los bípedos implumes (como la gallina de Platón), consistente en la marcha bípeda (no homologada aún por el Comité Olímpico Internacional), la transformación de la extremidades superiores en instrumentos de placer y el desarrollo craneal (el desarrollo de lo de dentro se cuestiona aún en muchos círculos científicos).

Si queremos buscar el origen del hombre nos las vamos a ver negras (incluso puede que ni nos la veamos), porque entre hominoides, homínidos, eslabones y zarandajas la cosa es un lío morrocotudo y su descubrimiento antropológico-evolutivo pinta muy mal. De hecho, los creacionistas lo son para evitarse precisa- mente este dolor de cabeza.

Según Cherter S. Chard (mencionado en el artículo, pero que no sé aún quién es) el tránsito del *Australopitecus africanus* al *Homo habilis* se realizó, en palabras textuales, "en un momento concreto que no podemos precisar todavía y es dudoso que lo podamos hacer en el futuro". Esta afirmación que aparece en la Enciclopedia arroja bastante luz sobre nada en particular.

Ahora atiendan bien, mis estimados alumnos y alumnas: se considera ser humano al bicho capaz de transmitir una habilidad adquirida y un conocimiento por aprendizaje (como los nidos de los gorriones, al parecer). El *Homo habilis* transmitió, por ejemplo, a su descendencia el dato de que si mezclas dos colores (rojo y amarillo, pongamos por caso), sale otro color distinto (el naranja); y que si mezclas tres colores o más el resultado acaba siempre siendo una tonalidad marrón que recuerda a una cosa fea.

Lógicamente, algo tuvo que suceder para que los homínidos decidieran enseñar cosas a sus hijos, porque, es lo que digo yo, ¿y los maestros para qué estamos? ¿Vamos a cobrar nuestro sueldo sin que hagamos nada a cambio?

Parece ser que la causa fue el cambio climático. Cuando el frío empezó a alternar con el calor, los padres prehistóricos contaban cosas a su prole. Interrogados los antropólogos sobre la razón de esta conducta, tampoco nos han sabido decir nada al respecto.

Después tuvo lugar la transformación anatómica de la especie, en espera de que tenga lugar la transformación atómica, cualquier día de estos en que alguien apriete el botón equivocado. Disminuyó el vello facial y las clínicas de belleza de la época perdieron ingresos cuando ya no fue necesario depilarse los pelos de los mofletes.

Los primeros restos humanos, con una antigüedad de 1.800.000 años bisiestos fueron encontrados (¡Huy! ¡Se me ha colado aquí sin querer una frase en pasiva, influjo del inglés! Lo siento) por el matrimonio Leakey, en el barranco de Olduwai (Tanzania). Ni que decir tiene que los huesos estaban hechos fosfatina. Esto fue noticia en su momento; pero luego se supo que los Leakey no estaban casados, sino meramente "arrejuntados", y la comunidad científica rechazó por esta razón sus hallazgos. Se les pidió que devolvieran la medalla al mérito científico que se les había concedido por este descubrimiento. Pero el "matrimonio" se montó en su furgoneta con tracción a las cuatro ruedas y huyó. No se ha sabido más de ellos.

Mis estimados alumnos y alumnas, el *Homo erectus*, de hace 600.000 años, presentaba ya rasgos típicamente humanos: se metía los dedos en la nariz cuando nadie le veía, se ponía los calzoncillos con los que estaba más cómodo hasta desgastarlos completamente, usaba instrumentos para cazar y protestaba del clima. Tenía una frente deprimida y un prominente arco superciliar que le pasaba por encima de los cilios, sea esto lo que fuere. Fue capaz de fabricar hachas, de dominar el fuego en la mayoría de los casos (no en todos), de madrugar para salir a cazar de manera organizada y de utilizar un lenguaje rudimentario, aunque tenía problemas con los acentos, característica ésta que se ha transmitido genéticamente hasta nuestros días... ¿No es cierto?...

A ver, usted... ¿me puede decir a dónde fueron la mayoría de mis estimados alumnos y alumnas?

# TERCERA CLASE MAGISTRAL
# EL FARAÓN TUTHMOSIS Y SU FAMILIA

Buenas a todos mis estimados estudiantes y estudiantas.

En nuestra Clase de hoy estudiaremos los misterios desvelados del Antiguo Egipto. Y no me pregunten por los misterios del Egipto moderno, porque no los conocemos y, por eso, no los podemos desvelar.

Comencemos entonces…

No me negarán ustedes que Egipto es un país misterioso y lleno de arcanos insondables… ¡Cómo! ¿Me lo niegan? ¡Por las once mil vírgenes! ¡Qué ganas de llevar la contraria en todo!

Como fuere, yo estoy convencido de que son muchos los misterios de ese maravilloso país donde hace mucho sol y donde, sin embargo, anochece a diario. Mil cosas hay aún que de él ignoramos. Para desvelar sus enigmas harían falta no uno, sino muchos champoliones. Como todos ustedes sabes y, si no lo saben, hacen mal en no saberlo, Champolión fue un egiptólogo francés (¿o era ruso?), muy amigo del polvo y de la basura que, a fuerza de buscar por los sitios más cochambrosos, acabó por encontrar una tumba egipcia llena de tesoros. Pero los descubridores de los secretos ignotos del pasado no surgen a placer. Los champiñones... digo, los champoliones no crecen como las setas.

Hablaré ahora del misterio de Tuthmosis, faraón egipcio de la XVIII dinastía, según se entra.

Su vida es ya un jeroglífico en sí. Era hijo de Amenofis y se casó con su hermanastra, Amosis. Ambos tuvieron un hijo, Hatshepsut, que también reinó bajo el nombre de Tuthmosis, y se casó con Nofrure, hija de Hatshepsut, hermano de Amenofis II, quien sucedió a Tuthmosis IV, hermano de su hija Nefertari, casada con otro hijo de Amosis, por nombre Ramses, pero que luego cambió su nombre también por Tuthmosis, en honor al otro y para liarlo más.

Los Tuthmosis (fueran quienes fueran) hicieron diecisiete campañas militares contra el imperio mitani, con la dificultad que ello conllevaba, ya que nadie sabía muy bien quiénes eres los mitanis ni dónde tenían el imperio. Pero en la antigüedad tales cosas eran posibles. Esta política imperialista de expansión hizo que la hegemonía de Egipto fuera reconocida en todas las naciones civilizadas, desde Babilonia hasta el Egeo, pasando por Euskalerría, que ya entonces era una gran nación diferente de todas las demás y muy superior a ellas, si hemos de creer a sus libros de textos.

Los logros políticos y sociales de Tuthmosis fueron importantes. Entre sus aportes consta ser el primer faraón que se atrevió a llevar la falda por encima de la rodilla, en contra de la voluntad de los dioses y de los sacerdotes. Se le atribuye, además, la invención de la letra de cambio, aunque se rumorea que le copió la idea a un tipo que había venido de Mesopotamia. El faraón alegó que su escriba se había confundido al transcribir cosas.

Hizo construir muchas fuentes en muchas plazas públicas y dejó instrucciones a sus herederos para que ellos, a su muerte, pusieran el agua.

Dictó una famosa ley contra vagos y maleantes, así como una divertida ley que limitaba el contenido de los jeroglíficos que se podían tallar en las paredes de los sitios. Un contemporáneo suyo implantó años más tarde esas leyes en donde pudo, y se hizo famoso por ello.

Bajo su férula Egipto prosperó y el Padre Nilo no ahogó a casi nadie.

Tuthmosis quiso experimentar con las nuevas tecnologías y mandó que le construyeran su pirámide mortuoria no de piedra, sino de un material desconocido y no probado hasta entonces. La pirámide se desintegró y no tenemos por ello restos de tan gran monarca.

Mis estimados estudiantes y estudiantes, quiero que sepan que sólo nos han llegado de él tres recuerdos: su cara en un bajorrelieve, donde se aprecia claramente que tenía el tabique nasal desviado, la información de que le gustaban a rabiar las alcachofas fritas, pero sólo las hojas de dentro, y un verso

sobre él, destinado a cantarse con acompañamiento
de cítara y caramillo. Dice así:


> Aquí yace Tutmosis primero:
> un faraón de voz imperativa.
> Yace aquí Tutmotsis, el guerrero,
> porque su biopsia dio positiva.


A ver, antes de finalizar la Clase, ¿quién me dice...? ¿Qué sucede? ¿Y esto? ¡Déjense de jueguitos! ¿Ahora son niños chicos jugando a ser momias y que vienen por mí? ¡Por las once mil vírgenes! ¡Basta!... ¡Paren con esa tontería!... ¡Oigan…!

# CUARTA CLASE MAGISTRAL
## LOS FENICIOS

Buenas a todos mis estimados discípulos y discípulas.

En esta ocasión les impartiré una Clase muy especial. En vez de disertar sobre los Fenicios que es el tema que tocaba hoy, escribí un guion de televisión donde abordo creativamente lo mismos tópicos que iba a exponer. Ese guion lo proyectaré en el *data show* y ustedes me ayudarán a representarlo. Será como un karaoke de lectura. Necesito dos alumnas que hagan los papeles femeninos y yo haré el masculino. Vamos…

Programa: *El Piensapierde*
Personajes: ANIMADOR
ITA *(atractiva rubia teñida)*
EUFEMIA *(una normal castaña natural)*

ANIMADOR: *(Proyectando.)* ¡Muy buenas noches tengan todos ustedes! ¡Bienvenidos al programa más visto, al espacio más emocionante e instructivo de la televisión!... ¡¡El Piensapierde!!... *(Pide aplausos con gestos.)* ¡Bien, entremos rápidamente en materia! Voy a explicar en forma breve en qué consiste el fenomenal y trascendental concurso de hoy. Dos concursantes se enfrentan en una titánica lucha de conocimientos, por alcanzar nuestro increíble premio, consistente en cincuenta y dos dólares anuales. Pero para alcanzarlo tendrá que ganar diez dólares cada semana y acumularlos. El perdedor no puede presentarse más al programa y al ganador lo veremos aquí, valiente y dispuesto en: *(Proyectando mucho.)* ¡El Piensapierde! *(Pide aplausos con gestos.)* Ahora conoceremos a los contrincantes de esta semana que son del género femenino. Comencemos por la ganadora de la semana anterior que ya tiene ¡diez dólares! Eufemia Ordóñez, ¿no? Ya... ¡Y la gran retadora! ¿Su nombre, por favor?

ITA: Yo me llamo Tita, pero me dicen cariñosamente: Ita.

ANIMADOR: ¡Un aplauso para esta belleza de Ita! *(Pocos aplausos y débiles.)* ¡Bien! ¡Pasemos a la primera pregunta! Deja ver... *(Lee.)* ¡Se trata de una pregunta sobre los fenicios! ¡Un aplauso para los fenicios! *(Aplausos.)* ¡Bien! Para usted, Eufemia: Diga cuál de las tres opciones es la correcta. Los territorios que abarcaba Fenicia, en la actualidad están ocupados por: A) Israel, Siria y El Líbano. B) Chile, Argentina y Uruguay y C) Tumbuctú, Islas Zapatos y Donde el Diablo dio Las Tres Voces... ¡Piensapierde entonces y responda!

EUFEMIA: ¡La "A"! ¡Hoy esos territorios están ocupados por Israel, Siria y El Líbano!

ANIMADOR: ¡Bueno, el público que es nuestro jurado, decidirá con su votación, si esa respuesta es correcta o no! *(Aparte a cámara.)* No creo que Israel pueda aliarse con Siria y el Líbano para ocupar territorios de Fenicia, más cuando Israel todavía no resuelve sus líos con Palestina, pero bueno, parece que la gente no piensapierde. *(A Ita con voz seductora.)* ¡Seguimos entonces con esta maravillosa concursante! A ver, a ver... *(Lee.)* A los fenicios se les conoce en la Biblia como: A*)* Cananos. B*)* Cananeos. C*)* Canosos... ¡Piensapierde entonces y responda!

ITA: ... Eeeeh... No sé...

ANIMADOR: Muy bien, no es la C, siga, siga que va bien.

ITA: *(Viendo a Eufemia que hace gestos impacientes de que sabe la respuesta.)* Este... yo no veo la respuesta, pero ella la ve.

ANIMADOR: ¡Correcto! ¡Es la B! ¡Bien, muy bien! ¡Un aplauso para este ingeniosa y preciosa concursante! *(Pocos aplausos y débiles.)* Continuamos ahora con Eufemia... *(Lee.)* ¿En qué se destacaron los fenicios?... ¡Piensapierde entonces y responda!

EUFEMIA: Bueno, ellos fueron los grandes mercaderes de la antigüedad. La geografía de sus costas, que propiciaba la instalación de puertos, y la madera de sus bosques les brindaban los elementos básicos para construir barcos y organizar compañías de navegación.

ANIMADOR: Bueno, me cabe una duda en su respuesta… pero el público decidirá… Porque lo que contestaste, mi querida Eufemia, fue un… un… eufemismo *(Ríe.)* qué gracioso e ingenioso soy… *(Aparte a cámara.)* Es que con los troncos de los árboles de sus bosques sólo podían haber hecho balsas, obvio, ¿pero barcos? Allá este señorita con su "sabiduría". *(A Ita, coqueto.)* ¡Seguimos ahora con la simpatiquísima Ita!... *(Lee.)* Los fenicios de Tiro fundaron hacia el año 800 a. C. en el norte de África a Cartago, cuya posición estratégica entre el Mediterráneo occidental y el Mediterráneo oriental la convirtió en la más importante de todas las colonias. ¿Esto es verdad? Opción A) No. Opción B) Quizás y opción C) Sí… ¡Piensepierde entonces responda!

ITA: … Este… ¿me puede repetir la pregunta?

ANIMADOR: ¡Cómo no, mi querida, Ita!... *(Lee.)* Los fenicios de Tiro fundaron hacia el año 800 a. C...

ITA: ¿A. C.?

ANIMADOR: ¡Correcto! ¡La C! ¡Un aplauso para esta espléndida concursante! *(Mira al público y se arrepiente.)*... ¡Bueno, vamos para la próxima ronda!... *(Lee.)* Se sabe que los fenicios, durante sus largos viajes, debían abastecerse en distintos puntos de su recorrido. Incluso se suponía que las limitaciones inherentes a la navegación primitiva *(evitación de la navegación nocturna)*, impedirían singladuras *(que son las distancias recorridas por una nave en 24* horas, las cuales empiezan a contarse desde las 12 del día), muy superiores a los 60 kms., aunque se ha comprobado que recorrían distancias mucho mayores sin tocar puerto… Basado en lo anterior, ahora es para las dos esta vez. ¡Se trata de una competencia de habilidad! Seguro la encantadora Ita demostrará que es ágil de mente y cuerpo, ¿eh?... Bien, esto va a consistir en... *(Lee.)* Como si fueran barcos fenicios navegando de noche, cada una trasladará una luz desde aquí hasta el fondo del salón y va a regresar, sin que se le apague. ¡La primera que llegue será la ganadora!... Vamos entonces a repartir las luces... *(Le da a Eufemia una vela encendida y a Ita una linterna encendida.)*... ¡Ya! ¡A la una, a las dos y a las tres! *(Se desarrolla la competencia con la facilidad de Ita y la dificultad de Eufemia. El animador apoya a Ita. Algarabía del público.)* ¡Y llegó primero, sin dudas la despampanante Ita! ¡Qué habilidad demostró, señores! ¡Estuvo maravillosa!... ¡Qué lástima, Eufemia! Pero bueno, lo importante no es ganar sino competir... *(A ITA)* sin perder, ¿verdad?... ¡Bien, ahora es el momento de las decisiones! ¡Rogamos al público imparcialidad y honestidad! ¡Adelante la votación! ¡Por Eufemia! *(Público levantando las manos unánimemente.)*

ANIMADOR: ¡¡Por Ita!!... ¡¡Por Ita!! *(Público quieto y en silencio).* ¡Bien! Sorprendentemente la ganadora de esta semana es Eufemia Ordóñez, que acumula su premio... Bueno, preciosa Ita, lamentablemente, a veces las decisiones no son todo lo justas que debieran ser, pero, no se animale, perdón amilane, puede ir a otro programa de concursos (hay muchísimos en TV)...

ITA: No se preocupe, por lo menos aprendí sobre los fenicios... O eso creo.

ANIMADOR: ¡Oiga, si no dice eso no me acuerdo qué tengo que leer algo más sobre los fenicios para cerrar el programa!... *(Lee.)* La cultura fenicia es una civilización antigua que no dejó firmes huellas físicas de su existencia *(A cámara.)* Si no dejaron huellas físicas fue porque no tenían dedos índices, ¿no es cierto? O quizás como todo lo que tocaban era el mar, no quedó huella, ¿entienden? *(Gesto de expresar obviedad y sigue leyendo.)* Sin embargo, a diferencia de otras, dejó un importante legado cultural *(Lee más rápido.)* a las civilizaciones posteriores, entre ellas crear un importante vínculo *(Lee lo más rápidamente que puede.)* entrelascivilizacionesdelMarMediterráneo,losprincipi oscomercialesyelalfabeto, y bla, bla, bla... ¡Bien, hasta aquí nuestro programa amigos! ¡Queda entonces la invitación para la próxima semana en este su espacio...! ¡Piensapierde! *Fin.*


¿Y? ¿Se divirtieron, mis estimados discípulos y discípulas?... ¡Muy bien! ¡Yo sabía que lo iban a pasar bien!... ¿Qué? ¿Más?... No, sólo traje preparado ese libreto... ¿Cómo? ¿Hacer otro aquí? No, no creo que sea pos... ¡Paren! ¡No! ¡Por las once mil vírgenes! ¡Ese tipo de programa, no...! ¡Yo no me voy a...!

# QUINTA CLASE MAGISTRAL
# LAS MIL MARAVILLAS

Buenas a todos mis estimados colegiales y colegialas.

Las maravillas del mundo fueron esas cosas bonitas que hicieron los griegos para que los estudiantes del futuro tuvieran que aprendérselas de memoria. Hoy es vuestra oportunidad.

Les informo que esta Clase la preparé, basándome en varios artículos de este manual que tengo en mis manos. Y salvo que aparezca específicamente la mención de su autor, la he copiado desvergonzadamente. Dicho manual me lo encontré en el ático de la casa de mis abuelos, entre un montón de revistas para adultos.

Saquen sus cuadernos, porque comienzo…

En el mundo antiguo —a diferencia de lo que ocurre en el moderno, donde, al parecer, reina el bienestar—, reinaba la injusticia, el amiguismo, el nepotismo y las subvenciones gubernamentales a los inútiles. Por ello, sólo tenemos constancia de que hubo siete maravillas en el mundo.

Aquéllas cuyos artífices antiguos contaron con el apoyo antiguo de los gobiernos antiguos.

Pero hubo muchas más, que han pasado desapercibidas o de las que nunca se ha hablado, que han perecido en el mar del olvido, sepultadas por las arenas del tiempo, entre una nube de malentendidos y una lluvia de tergiversaciones (¡Anda! Me parece que me estoy armando un lío de tres pares de narices con estas metáforas geográfico-climatológicas.)

Bueno, continúo... las clásicas maravillas patrocinadas que Antípatros de Sidón (un señor bastante antipátrico, según nos han contado los que le conocieron en persona) listó en el siglo II a. C. fueron unas cuantas:

• Las pirámides de Egipto. Rotas y llenas de arena. Quedan muy pocas, son todas iguales y están llenas de escorpiones, arañas, turistas y otros bichos repugnantes.

• Los jardines colgantes de Babilonia, que se quedaron sin inaugurar. Nabuconodosor ordenó su construcción entre los años 605 y 562 a. C. más o menos. O sea, que se pasó más de cuarenta años ordenando que las construyeran, de lo que deducimos que sus súbditos no obedecían a no ser que se les repitieran mucho las cosas. Finalmente se construyeron las terrazas, sostenidas por columnas. Pero no creció nada, con el solazo que hace allí.

• En Olimpia hubo un templo de Zeus, con una estatua de Fidias, que medía quince metros de altura (la estatua, no Fidias). Estaba hecha de madera y recubierta de piedras preciosas arrebatadas a los enemigos. Había colas para entrar pero, previo pago de algunas dracmas, te metían por una puerta pequeña que daba directamente al SANCTA SANCTORUM. La gente se enfadaba con los que se colaban y había tortas griegas.

• Artemisa (la asiática, no la griega; no se confundan, porque hay varias), diosa de la fertilidad, tuvo un templo en Éfeso. Por ser nodriza universal, su estatua tenía numerosos pechos, siendo éste también el criterio para la elección de sus sacerdotisas vestales. Tres era el mínimo aceptable y esto causó dificultades. Dicen que un majadero antiguo, llamado Eróstrato, a falta de «Gran Hermano», quiso conseguir la fama instantánea prendiéndole fuego. La verdad es que lo hizo porque el templo era horrible.

• Cuando murió el rey Mausolo de la impresión que le produjo conocer el total de la cuenta del banquete de Año Nuevo, su esposa mandó construirle una tumba estupenda que pasó a llamarse Mausoleo, como podía haberse llamado otra cosa. Los turcos lo arrasaron y luego los ingleses descubrieron varios trozos que llevaron al Museo Británico, donde pueden admirarse aún hoy, junto con los tesoros robados a otras varias civilizaciones.

• El coloso de Rodas tenía la cabeza muy gorda en proporción con el tronco y por eso se cayó. Parece ser que hubo un concurso público para diseñar la estatua, que se pensaba colocar en el puerto de Rodas, con el único fin de gastarse el dinero público y que algunas personas cobrasen sus comisiones, porque otro objetivo claro no tenía. El diseñador premiado (Kares de Linde) cobró de lo lindo, porque era cuñado de alguien; pero diseñó mal. En el año de la galleta (el 222 a. C.) tuvo lugar un terremoto, es verdad; pero para entonces la estatua —de proporciones mal calculadas— llevaba ya mucho tiempo caída.

• Tolomeo Soter (que parece ser que fue un rey, pero ¿quién sabe?) embelleció Alejandría con una biblioteca en cuyos oscuros rincones se metían mano las parejas del Delta, a falta de jardines como es debido. Pero la maravilla del mundo no era ésta, sino un faro que pusieron en el puerto porque allí los terrenos eran más baratos. Fue el símbolo y el espíritu de la luz que despedía Alejandría, alumbrando con su sabiduría al mundo civilizado, aparte de otras cursiladas.

Muy bien, mis estimados colegiales y colegialas, éstas son las maravillas de las que se habla, pero, créanme: no merecen la pena. Los verdaderos prodigios de imaginación e ingeniería del mundo antiguo fueron... Disculpen, resulta que ya no tengo tiempo para seguir contando esto, porque me tengo que ir a comprarme un autobús, así es que tendrán que buscar por otro sitio para poder conocer tales maravillas. ¡Qué se le va a hacer!... ¡Cierren sus cuadernos!... (El que lo abrió, claro).

# SEXTA CLASE MAGISTRAL
# ARISTÓTELES, EL GRAN MALEFACTOR

Buenas a todos mis estimados escolares y escolaras.

Hoy demostraré en esta Clase que no todo lo griego es bueno. Digo esto, porque llevamos muchos siglos obedeciendo a los mandatos de los supuestos hombres sabios, sin cuestionar si en absoluto lo son.

¡Ya está bien, hombre! ¡Por las once mil vírgenes! ¡Ya me he hartado y voy a tirar de la manta, para desenmascarar a un farsante que lleva siglos y siglos de fama, para que aprendamos a no aprendernos todo lo que nos cuentan en los textos de los colegios, como si fueran verdades!

Todos ustedes, mis estimados escolares y escolaras, han oído hablar del Filósofo, así con mayúsculas, antonomasia empleada para designar a Aristóteles, ese señor que escribía libros tan confusos que se necesitó toda la Edad Media para comentarlos y saber qué diablos decían. De hecho en la Edad Media los hombres se dividían en tres clases principales, los rubios, los morenos y los comentaristas de Aristóteles.

Y les habrán enseñado en el colegio que era un genio, y el amo, y el que más sabía de física y de metafísica. Y que nunca se le caían al suelo las tortillas al darles la vuelta. Se dice de él que un lunes que tenía poco que hacer, escribió siete tratados de zoología, dos de física, tres de lógica y aún le quedó tiempo para disertar sobre la comedia (en un libro que, afortunadamente, se ha perdido).

Sepan ustedes, mis estimados escolares y escolaras, que todo es mentira.

Yo me he dedicado a buscarle los puntos flacos al tal, porque me caen gordos los prepotentes y él lo era mucho, al pretender saber de todo más que nadie, como lo prueba que escribiera sobre todos los temas habidos y por haber en un tono pontificante y asqueroso (algo parecido a lo que hago yo aquí en clase, con la diferencia de que yo sí sé de todo mucho más que él y me lo puedo permitir. Además, yo no soy vanidoso, como habrán podido observar.)

Y he encontrado una gran variedad de estupideces de menor cuantía —que obstaculizaron el avance de las ciencias durante muchos siglos— y tres grandes burradas que ocasionaron mucha sangre y mucho dolor, y que le hacen acreedor al título de gran malefactor de la humanidad.

Escriban este dictado:

BURRADAS MENORES (expurgadas de sus textos):

Afirmó:

1.— Que los varones tienen más dientes que las hembras.

2.— Que la sangre de las mujeres es más espesa que la de los hombres.

3.— Que la función principal del cerebro es el enfriamiento de la sangre.

4.— Que la inteligencia del hombre reside en su corazón.

5.— Que las personas que tienen la cabeza grande duermen más que las otras.

6.— Que los objetos pesados caen más rápidamente que los ligeros.

7.— Que las distintas especies animales surgieron por generación espontánea.

(Hay más, pero creo que, como ejemplos, son suficientes.)


BURRADAS MAYORES (sólo tres, pero contundentes.)

1.— Defendió encarnizadamente la esclavitud.

2.— Afirmó que los griegos eran superiores a los demás pueblos.

3.— Postuló que las clases trabajadoras no debían en modo alguno participar en el gobierno.

Resumiendo: como todo el mundo le ha venido haciendo caso desde su tiempo, resulta que fue él quien tuvo la culpa de la esclavitud (que aún hoy perdura en variedades laborales y sexuales), del racismo y el nacionalismo (y todas las guerras causadas por creerse superior a otras razas, o sea: casi todas) y todas las opresiones sociales debidas a los gobiernos aristocráticos, elitistas y tiránicos desde el siglo III a. C. hasta la fecha.

Convendrán conmigo, mis estimados escolares y escolaras, en que era para darle de bofetadas.

Y, sin embargo, le veneramos como al sabio más sabio de los que hemos tenido en el planeta. Así es que no tenemos merecido lo que nos pase.

¡Es más, se acabó la clase! ¡Por las once mil vírgenes! ¡No gasto una gota de saliva más en esa persona! ¡Porque para mí él murió!

# SÉPTIMA CLASE MAGISTRAL
## ¡ÉL LO HA DICHO!

Buenas a todos mis estimados aprendices y aprendizas.

Me complace mostrarles hoy una semblanza del señor Pitágoras, ese filósofo tan traído y llevado por unos y otros.

Siéntense correctamente hacia el frente, con el torso en ángulo recto con sus extremidades, saquen los cuadernos de matemática y atiendan por favor...

A fines del siglo VI la filosofía hizo las maletas y se trasladó con todos sus bártulos de las costas de Jonia a las de la Magna Grecia, al sur de Italia y a Sicilia. (Por cierto, que a la mitad del camino se le cayó un baúl lleno de metafísica y tuvo que volver a por él.)

Una vez instalada allí fundó una escuela que tuvo en Pitágoras su máximo representante.

De este Pitágoras, para no variar, no sabemos casi nada. Las malas lenguas dicen que procedía de la Isla de Samos, así que, como dice su gentilicio, era un samosino.

Viajó a Persia con una beca y allí trabó amistad con el mago Zaratás —por mal nombre Zoroastro o Zaratustra— que estaba llevando a cabo por aquel entonces una reforma de la legislatura religiosa del país.

Después de comprarse seis alfombras con el dinero de los derechos que le había reportado la publicación de su famoso «Teorema», Pitágoras volvió a la Magna Grecia, en donde fundó el Club de los Pitagóricos, que se reservaba el derecho de admisión y en donde los miembros se veían obligados a respetar ciertas normas que citaremos por considerarlas de interés.

En primer lugar, no podían comer habas (¡palabra que es verdad!), no podían llevar vestidos de lana ni atizar el fuego de la chimenea con un hierro. Esto les creaba multitud de inconvenientes, puesto que sin habas no podían hacer paellas, sin vestidos de lana se helaban en invierno y se les chamuscaban las barbas al intentar atizar el fuego con un palito. Después, se metieron en política y lo pasaron tan mal que la escuela se deshizo. Trabajar, no trabajaban nada, puesto que la palabra "escuela" significa "ocio" en griego.

Según el ejemplo de los Juegos Olímpicos existen tres formas de vivir: el correr en el estadio, el sentarse en la tribuna a ver cansarse inútilmente a los corredores y el vender helados en el intermedio a los espectadores. Los pitagóricos vivían de la segunda manera: de forma contemplativa. Esto es: dedicábanse a vivir sin trabajar.

Lo más interesante de los pitagóricos –de haberlo– es la forma en que interpretan las matemáticas y los números. Según decían, los números son la esencia de las cosas y en algunos textos llegan a afirmar que los números son las cosas mismas. ¡Casi nada! Les concedían vida a los números, como si fuesen parientes suyos, y les dejaban entrar delante en las habitaciones.

El 1 era el punto.
El 2, la línea.
El 3, la superficie.
El 4, el sólido.
El 5, las semanas en globo.
El 6, no cometerás actos impuros.
El 7, la semana.
El 10, el sobresaliente.
El 11, el equipo de fútbol.
El 12, las tribus.
El 13, el martes.
El 14, la quiniela, y así sucesivamente.

El número es lo más importante del mundo. Todo en la vida depende del número. Los cheques, las quinielas, los ascensores, los autobuses, los zapatos, la guía telefónica, el circo, todo está lleno de números.

Mis estimados aprendices y aprendizas, cuando alguien decía algo que refutaba por completo las teorías de los pitagóricos, éstos, para quitarse el muerto de encima, refiriéndose a su maestro, afirmaban: «Él lo ha dicho», como diciendo: «¿A mí qué me cuentas? Yo sólo soy un mandado.»

Y hasta aquí la Clase. Cierren sus cuerpos y pongan cómodos sus cuadernos.

# OCTAVA CLASE MAGISTRAL
# ALEJANDRO, EL MAGNO,
# Y DIÓGENES, EL MUGRIENTO

Buenas a todos mis estimados bachilleres y bachilleras.

Apaguen sus celulares… ¿Qué? ¡Los mp3 también! Entonces… ¿Cómo? ¡Claro, los Ipad también!... Decía que… ¿Eh? ¡Por las once mil vírgenes! ¡Apaguen todos los aparatos electrónicos que se hayan inventado! ¿De acuerdo…?

Bien, deseo que hagan eso, para que escuchen este diálogo entre dos griegos famosos y así redondear nuestra Clase sobre el tema.

*(Diógenes de Sinope, el filósofo cínico, está en una cueva, desnudo y mugriento, dentro de su tonel. Alejandro llega con pompa y esplendor, pero se los deja fuera de la cueva.)*

DIÓGENES: ¿Quién eres tú, forastero?

ALEJANDRO: Soy Alejandro Magno, hijo de Filipo.

DIÓGENES: ¡Hombre! Al fin y a la postre voy a conocer al gran Alejandro de Macedonia.

ALEJANDRO: Por lo que más quieras, no me hagas un chiste con lo del postre y la macedonia, porque bastantes he tenido que aguantar durante toda mi vida.

DIÓGENES: Como quieras, pero te advierto que reírse es muy saludable. ¿No te lo han enseñados tus maestros?

ALEJANDRO: No.

DIÓGENES: Eso me parecía. Debes de haber tenido unos maestros especialmente estúpidos. Tienes una expresión muy seria. ¿Padeces de la vesícula?

ALEJANDRO: No, que yo sepa. Pero ¿a qué vienen tantas preguntas?

DIÓGENES: Por pasar el rato. Y, hablando de otra cosa: ¿qué haces tú por aquí?

ALEJANDRO: Estoy de paso en mi periplo de conquista. Me propongo dominar todo el mundo conocido. Llegaré hasta los confines del Asia y...

DIÓGENES: ¿Cuántos años tienes?

ALEJANDRO: Veintiuno.

DIÓGENES: Ya es un poco tarde, ¿no?

ALEJANDRO: ¿Tarde?

DIÓGENES: Estas cosas, como el ballet, tocar el violín y conquistar el mundo, o se aprenden en la tierna niñez o luego es mucho más difícil.

ALEJANDRO: ¿Te estás burlando de mí, filósofo?

DIÓGENES: Sí; era una broma. Reconozco que era una broma.

ALEJANDRO: Bueno, a lo que íbamos. Yo pasaba por aquí y me dije: «¡Hombre! Voy a conocer al filósofo del tonel, que tanta fama tiene y que está aquí, desterrado por los sinopenses.»

DIÓGENES: Es verdad: los sinopenses me condenaron al destierro, obligándome a salir de su ciudad. Pero yo, a mi vez, les condené a ellos a quedarse en su ciudad, lo cual era peor.

ALEJANDRO: Y aquí estoy. Así es que dime qué puedo hacer por ti.

DIÓGENES: Lo más resultón sería que te dijera que te apartaras un poco, para que no me taparas el sol. Pero hoy está nublado y hace un día de perros. Sin embargo, en aras de la posteridad, consideraremos que es eso lo que te he dicho.

ALEJANDRO: Eres en verdad sorprendente.

DIÓGENES: Soy sólo lógico.

ALEJANDRO: Una curiosidad: ¿es verdad que, en una fiesta, te orinaste sobre los invitados?

DIÓGENES: Fue por defender la lógica. Los oligarcas que mandaban en la ciudad, por ofenderme, me echaron huesos, como a un perro. Entonces yo actué como un perro y les meé encima.

ALEJANDRO: La verdad es que tienes muy mala fama. La gente decía que siempre ibas a beber a la taberna.

DIÓGENES: Sí. Y siempre iba a la tienda del barbero a cortarme el pelo.

ALEJANDRO: La gente te insultaba.

DIÓGENES: Pero yo no me consideraba insultado. ¡Valiente cosa lo que me importa a mí la opinión de los majaderos!

ALEJANDRO: ¿Y a quien consideras tú majadero?

DIÓGENES: Me temo que a bastante gente.

ALEJANDRO: Eres cáustico. ¿Nadie se salva de tus censuras?

DIÓGENES: Sí. Quienes pudiendo casarse, no se casan; y quienes pudiendo gobernar, no gobiernan.

ALEJANDRO: Según eso, te merezco mala opinión.

DIÓGENES: ¡Tú me dirás! Ahora, que quizá toda la culpa no sea tuya. ¿Quién ha sido tu maestro de filosofía y de vida?

ALEJANDRO: Aristóteles.

DIÓGENES: ¡Pobrecillo! Siendo así, no me extraña que, para alejarte de él, huyas hasta el confín del mundo con el pretexto ese de la conquista.

ALEJANDRO: ¡No es un pretexto! Pero no cambies el tema. No estamos hablando de mí, sino de ti. ¿Sabes lo que dicen mis arúspices?

DIÓGENES: Tus arúspices no pueden decir nada, porque los arúspices son sacerdotes que en Roma vaticinan el futuro mediante la contemplación de la entrañas de los animales sacrificados. Y estamos en Grecia.

ALEJANDRO: Bueno, es lo mismo. Yo llamo así a los adivinadores griegos por la velocidad adquirida. ¿Sabes lo que dicen? Pues me dicen que en el futuro darán tu nombre a una enfermedad de la conducta.

DIÓGENES: ¿Ah, sí? ¡Qué interesante!

ALEJANDRO: Pero con poco acierto.

DIÓGENES: ¿Y eso?

ALEJANDRO: Los médicos denominarán «síndrome de Diógenes» a la costumbre compulsiva de acumular cosas, sobre todo basura.»

DIÓGENES: Los médicos, como de costumbre, no dan una, porque como ves, yo no acumulo nada. Es más, no tengo nada. Ni ropa interior. Puedes mirar dentro del tonel y comprobarlo tú mismo.

ALEJANDRO: No, gracias; ya me lo imagino. ¿En verdad no tienes nada?

DIÓGENES: Nada. Tenía una taza para beber, pero cuando vi a un rapaz que bebía de la fuente en el hueco de la mano, rompí la taza.

ALEJANDRO: ¡Qué bello gesto!

DIÓGENES: No creas. Me clavé un trozo de la taza en la planta del pie, se me infectó y casi me muero.

ALEJANDRO: ¿No podrías contarme esta misma anécdota con palabras más elegantes?

DIÓGENES: ¿Para qué? Ya te has enterado de lo que quiero decir.

ALEJANDRO: Es para luego escribirla y que quede bonito.

DIÓGENES: Si te empeñas... A ver qué tal me sale: Es propio de los dioses no necesitar de nada y de los que se parecen a los dioses, necesitar de poquísimas cosas.

ALEJANDRO: Te ha quedado muy bien.

DIÓGENES: Gracias. Como ves, el que habitualmente emplee el habla coloquial no implica que esté falto de cultura.

ALEJANDRO: Ya, ya.

DIÓGENES: Y, siguiendo con lo del síndrome, ¿cuándo dices que denominarán a la tal enfermedad de esa manera tan poco apropiada?

ALEJANDRO: Durante el siglo XXIV a partir de mí. Estamos en el III antes de Cristo, pues... calculo que para el siglo XXI.

DIÓGENES: ¡Ah, bueno! Entonces no me extraña. Ya se ha vaticinado que ése será el siglo cuando se comentan más tonterías.

ALEJANDRO: Oye, yo me quedaría más rato, pero mis generales me esperan ahí fuera y se deben de estar calando. Me ha alegrado mucho hablar contigo.

DIÓGENES: Vuelve otro día.

ALEJANDRO: Me temo que va a ser difícil. Es que me voy a conquistar el mundo.

DIÓGENES: Pues date prisa, no llegues tarde y lo vayan a cerrar.


Bueno, mis estimados bachilleres y bachilleras, que alguien que me diga si... ¡Por las once mil vírgenes! ¿Yo no ordené apagar todos esos aparatos...?

# NOVENA CLASE MAGISTRAL
## FUNDACIÓN DE ROMA

Buenas a todos, mis estimados alumnos y educandas.

Toca estudiar la Fundación de Roma. ¿Alguien aquí de ustedes sabe algo al respecto?... Bueno, para eso estoy yo aquí.

Miren… Cuenta la leyenda que ustedes irán leyendo en su libro, de la página donde aparece la ilustración de un mapa antiguo, hasta otra que tiene una mancha de tinta al comienzo, que Numitor era rey de Alba Longa, una pequeña ciudad —más ancha que longa-, en el centro de la península itálica. Entonces su hermano Amulio lo derrocó a través de un golpe de estado o "patada de mulio", como se conoció en esa época tal derrocamiento abrupto. Lo primero que hizo el belicoso hermano fue matar a todos sus sobrinos varones y la única hija de Numitor la matriculó bajo protesta de ella en un convento de por vida.

Sin embargo, en esos tiempos y en aquella cultura, ocupaba el cargo de dios de la guerra el señor Martes, el cual se le atravesó a Amulio en sus planes como si fuera su hermano Miércoles, entrando en el convento, pero convento a favor y dejando a la muchacha con dos gemelos: Rómulo y Remo.

Amulio los mandó a matar, pero el asesino encargado se arrepintió, los introdujo en una cesta y los abandonó a su suerte en el río Tíber. Si alguien me dice que conoce esa historia y me menciona la de un Faraón que mandó a matar a los hijos varones israelitas y el niño Moisés fue metido en una cesta dejado a su suerte en el río Nilo, le diría que es un típico *déjà vu*… ¿Alguien sabe qué es un *déjà vu*?… Bueno, para eso estoy yo aquí. Miren… un *déjà vu* es algo así como la sensación de haber pasado con anterioridad por una situación que se está produciendo por primera vez, ¿de acuerdo?

Bien, seguimos entonces, mis estimados alumnos y educandas… el asunto es que la cesta navegó sin que Remo la impulsara, como pensaba Rómulo que éste haría, y se detuvo en un pantano sin que Rómulo la parara, como pensó Remo que éste hizo. Allí los recogió una loba y los amamantó por un tiempo. Esta parte de la leyenda es menos creíble, por supuesto, ya que si fuera cierta los empresarios lácteos hubieran explotado ese rubro y hoy veríamos en los supermercados las cajas de leche de loba descremada, sin lactosa, queso lobefort, etc. y no es así.

Después, todo sucede como en película de Hollywood: los niños son criados por un porquerizo y su pulcra esposa, crecen los gemelos, se enteran de su origen, toman justicia, matan a Amulio y liberan a su abuelo que vuelve a ser rey de Alba Longa.

Los hermanos, para no tener que derrocar a su abuelo, fueron hasta donde los recogió la pulcra porqueriza y su esposo en su época post lobíca, para fundar allí una ciudad y gobernarla. Rómulo quería construir "Roma" en el monte Palatino y Remo construir "Remoria" en el Monte Aventino. (Remo pensó primero en llamar a su ciudad "Remoland", pero se le olvidó. Después "Remópolis", pero también se le olvidó. Más tarde se le ocurrió ponerle "Remolona", pero una vez más se le fue de la mente. Entonces se decidió por "Remoria", en honor a su mala rememoria).

Como no se ponían de acuerdo, decidieron competir. Tampoco fue fácil escoger el tipo de certamen, pero al final optaron por el que viera más buitre ganaría. Algo curioso, ¿no? No fue peleando, lanzando una moneda, jugando a los naipes o al que se comiera el espagueti más largo, por poner algunos ejemplos normales. Pero no, fue competir al que viera más buitres. ¿A quién se le ocurrió eso y por qué?, es un misterio hasta ahora no revelado, por suerte.

En fin, el ganador fue Rómulo y se aprestó a fundar Roma (nunca se pudo probar que Remo sufría de cataratas, pero se rumoró bastante que Rómulo lo sabía y por eso inventó esa extraña competencia de ver buitres). Dicen que una noche Rómulo de convirtió en hombre-lobo y mató a Remo, porque éste hizo mucha amistad con una tribu de vampiros, pero todos sabían que fue por una discusioncita sobre quién había nacido primero, ya que la saga de libros, películas y series sobre vampiros y lobisones no se conocían en esos tiempos.

Y Rómulo fundó Roma. Aquí es importante detenerse, porque nadie tampoco ha podido entender cómo se funda una ciudad. Es decir, ¿qué hizo ese medio gemelo para hacerlo? ¿Se paró en la cima del Monte, se imaginó Roma, después fue y marcó las calles, construyó el alcantarillado, las casas, la Fuente de Trevi, las ruinas del Coliseo Romano, etc.? Y suponiendo que fuera así, ¿cómo llenó la ciudad de romanos? Quizás Rómulo se sentó en el Monte Palatino (que creo significa "Monte para latinos", en la jerga de la época) y con santa paciencia vio llenarse la urbe de familias inmigrantes como los Corleone, los Sopranos o los Berlusconi; pero también de los Fellini, los Sordi, los Mastroianni, los Tognazzi, los Gassman, los Manfredi, los Vitti y otros graciosos itálicos de películas.

Pues como haya sido, el caso es que la ciudad se llenó de ciudadanos. Entonces se dieron cuenta de otro grave problema: el poco número de mujeres que había. Para cualquier hombre eso es fatal, pero para los ancestros de Giacomo Casanova era lo último. Así que Rómulo mandó de inmediato múltiples expediciones a los reinos vecinos, con el objetivo de comprar mujeres o cambiarlas por pizzas, según se diera la transacción. Pero consiguió muy pocas. Entonces tuvo una gran idea: inventó y organizó unos Juegos Competitivos en honor a Neptuno y vinieron familias de los cuatro puntos cardinales. El ejército de Rómulo llevó a cabo la "Operación Claudia Cardinale", como se le conoció y secuestró a las mujeres, mientras los hombres huían. En pocos meses conquistaron a las mujeres con sus artes galantes y sus artes marciales. Ese fue el inicio de la fama de *latin lover* de los italianos.

¿Saben ustedes qué es un *latin lover*? ¿No? Pues aquí estoy yo para explicárselo… Miren… *latin lover* significa "buen amante de descendencia latina".

Bueno, mis estimados alumnos y educandas, ahora les informaré para ir cerrando la Clase, que Rómulo siguió haciendo el amor y la guerra obedeciendo a su sangre latina y lobezna, hasta que Roma se hizo una gran metrópolis.

Por suerte para los romanos, Rómulo y Remo fueron amamantados con leche, porque si se hubiesen criado sólo con agua, hubieran fundado Venecia.

¿Saben por qué? ¿No? No se preocupen, para eso están ustedes aquí… ¡Va de tarea para la próxima Clase!

# DÉCIMA CLASE MAGISTRAL
## EL REINO ANÍBAL

Buenas a todos, mis estimados educandos y estudiantas.

Tengo el agrado de enseñarles en la Clase de hoy, en forma fácil y simple, la vida y la obra de un ser muy célebre en la Historia de la Humanidad, según él y muchos historiadores. Sin embargo su celebridad se debió al formidable talento que poseía para guerrear, matar y esclavizar. Me refiero a un señor que nació en Cartago. Y fíjense que no digo Cartagena, ni Cartílago, ni ninguna de esas ciudades más conocidas.

Cartago fue una ciudad fundada por los fenicios… ¿Cómo? Ah, los fenicios eran los que nacían o se nacionalizaban en una antigua región del Oriente Próximo (bueno, es próximo si tienen dinero para viajar), que se extendía a lo largo del Levante Mediterráneo… ¿Qué? Ah, "levante" significa "alce", de "alzar", así que sería "Al zar el Mediterráneo"… ¡No! Era una broma mía. "Levante significa también "este", así que "el Levante Mediterráneo" es la costa este de ese Mar…. ¿Cómo? ¿Desemar? No, eso no es una palabra, son tres: "de", "se" y mar". Y basta, volvamos a Cartago… Les iba a contar que Cartago era una ciudad muy desarrollada en esa época. Mucho más que Roma, incluso. Con decirles que allí se construían alcantarillados, baños públicos, casas de citas y edificios de hasta 7 pisos, ¿se imaginan?... ¿Cómo? No, no los podían hacer más altos, porque no se habían inventado aún los ascensores, ni las escaleras de incendio. ¡Pero sigamos!... Así que Cartago, que estaba situada a 17 kilómetros de la ciudad de Túnez en el año 825 a. C... ¿Qué? ¡Deténganse y regresen a sus asientos! ¡"A. C." no significa "abandonar Clases"! ¡"A.C" quiere decir "antes de Cristo"! ¡Por las once mil vírgenes! ¡Déjenme continuar, de una buena vez, por favor!...

Pues ese importante señor del cual les decía que trata la clase de hoy, fue Aníbal. Aníbal nació en Cartago y su nombre significa "Quien goza el favor de Baal"... ¿Baal? Bueno, es una divinidad de la mitología cananea... ¿Sí? Ah, se le llama "Canaán" a la región del Oriente Próximo que les mencioné... ¿Por dónde iba...? ¡Ah, ya...! Baal es hijo de El... ¿Qué cosa? ¡No! ¡No es hijo de sí mismo! Es hijo de "Él". El dios que se llama "Él". ¡Así se llamaba el dios de todos los dioses! ¡Y córtenla con las preguntas!...

Pues Aníbal fue el General más activo de la Segunda Guerra Púnica... ¡Cállense! Ya sé que me preguntarán: "Profesor Bayeau, ¿qué quiere decir púnica?" Pues las Guerras Púnicas fueron 3 guerras donde se enfrentaron Roma y Cartago, las mayores potencias del Mediterráneo en esa época. Reciben su nombre del etnónimo latino Pünicï usado... ¡Ya sé! "etnónimo" significa "nombre de un grupo étnico.

Los romanos lo usaron por los ancestros fenicios de sus enemigos. Si los cartaginenses hubieran ganado la guerra al final, estas Guerras se llamarían Romanas, ¿entienden? Lamentablemente, "la Historia la escriben los ganadores". Anoten eso, porque es una frase para el mármol… ¡No! ¡No dije que escribieran grafitis con ella! ¿Saben algo? ¡No voy a permitir ni una palabra más! ¡Por las once mil vírgenes! ¡Ni una pregunta más! ¡Se acabó!…

(¡Y yo que pensaba que iba ser una Clase fácil y simple!)… Seguimos entonces… Pues la mayor hazaña de Aníbal fue la invasión de Italia cruzando los Alpes con 70,000 guerreros y con alrededor de mil elefantes ¡y en funiculares! Sorprendió y ganó, claro, pero sólo sobrevivieron 3 elefantes. El resto de sus anibales… perdón, de sus animales murieron. Y esos tres elefantes fueron cazados más tarde por un viejo Rey. Hay imágenes que lo delatan, pero esa es otra historia.

Volvemos a nuestra Clase… Pues el gran General cartaginés continuó su racha victoriosa hasta que se le acabó la suerte, el talento o ambas cosas. El asunto es que después de tantos años de vivir victorioso, de repente un día perdió territorios en la península itálica, perdió un ojo en una emboscada, perdió a su hermano Asdrúbal por una carta interceptada por el enemigo y perdió una cola de conejo atada en su turbante, que tenía como amuleto.

En esa situación, el romano Escipión, conocido como "El Africano", por gustarle de vez en cuando oscurecer su piel con corcho quemado, lo obligó a claudicar. Pero Aníbal protestó y le dijo que su nombre no era Claudio, así que no iba a claudicar, exigiendo que lo obligaran a anibalarse, pero Escipión se negó con firmeza y lo obligó finalmente a rendirse.

Las condiciones de la rendición de Cartago fueron:

• Que Aníbal entregara los territorios fuera del Norte de África.

• Que Aníbal entregara la flota de guerra.

• Que Aníbal entregara tributos mensuales.

Ya iban a firmar el acta de rendición, cuando el romano Escipión agregó otro requerimiento:

• Que Aníbal entregara su nuevo amuleto.

Eso sí no lo soportó Aníbal y rechazó la rendición, atacando al romano-africano con los restos de su tropa y varios elefantes que le quedaban.

Pero Escipión actuó con una mejor estrategia: logró que mil de sus hombres tocaran trompeta a la vez, imitando el sonido de los elefantes. Estos al pensar que venía en su dirección una estampida, huyeron y aplastaron a casi todo el ejército de Aníbal. Para los pocos elefantes que siguieron avanzando, Escipión les soltó una manada, jauría o cardumen (no recuerdo cómo se dice ahora) de ratones, y los elefantes, sobre todo las elafantas, corriendo en todas direcciones.

Aníbal se vio obligado a claudicar, a anibalarse y a rendirse definitivamente. Eso provocó que Roma, a pesar de los 440 pueblos destruidos y 500,000 romanos muertos, se convirtiera en el centro de la más grande potencia mundial de la época.

Pero en la Historia todo se paga. Por ello, con todas las riquezas que acumularon en su largo imperio, los romanos jamás han podido reconstruir las ruinas de su Coliseo…

Bien, ahora sí, mis estimados educandos y estudiantes, pueden hacerme las preguntas que deseen… ¡Nooooooooo!... ¡Claro que eso no lo responderé!... (¡Por las once mil vírgenes!)…

# DECIMOPRIMERA CLASE MAGISTRAL
# ROMA SEGÚN QUINTO SEXTO

Buenas a todos, mis estimados estudiantes y discípulas.

Continuamos en la Clase de hoy con el tema de Roma. Es que Roma puede resultar un lugar de paisaje monótono y oler bastante mal, pero, en cambio, su historia y su legado cultural son apasionantes y dejan patidifuso al historiador. La obediencia a unas mismas leyes y la adoración a los mismos dioses hicieron que los ciudadanos romanos se sintieran en casa en cualquier lugar y se convirtieran en el principal exportador de alcaparras del mundo antiguo.

Comencemos entonces…

La identidad romana… ¡Por las once mil vírgenes! Cuando digo "comencemos" me refiero a mí, no a todos ustedes también, así que cállense y atiendan…

La identidad romana y su muy particular factor Rh no surgieron por imposición, sino que se desarrollaron de manera natural a partir del momento en que los habitantes de Lacio dejaron de usar trenzas y se convirtieron en un pueblo sedentario. Esto produjo enfrentamientos y guerras necesarias entre asentamientos vecinos que fueron luego la base de una civilización muy evolucionada y un tanto bromista.

Mis estimados estudiantes y discípulas, Roma fue testigo de hazañas dignas de ser recordadas. Por ejemplo, como vimos ya en otra clase, contra Aníbal (padre), quien combatió a Roma y le ofreció la paz a cambio de una bolsa grande de caramelos de limón. Como el ofrecimiento tuvo lugar un miércoles, Roma desconfió de los cartagineses y el enfrentamiento fue inevitable. Según la tradición, las victorias no ensoberbecían a los que las obtenían y las personas de importancia en Roma a causa de sus logros, seguían pagando los mismos impuestos. Se disociaba el honor de un cargo público de la vida privada del individuo, aunque a los generales victoriosos sí se les permitía comer mantequilla de maní, privilegio prohibido para el común de la ciudadanía.

El ejercicio de la guerra se emprendía con la bendición de aquellos dioses que no tenían una «r» en el nombre y, si se alcanzaba el triunfo, se les agradecía a las divinidades, untando sus estatuas con una mezcla de albayalde y polvo de calcopirita, o con cualquier otro producto químico, elegido al azar. Para que el triunfo no causase soberbia, el emperador era seguido de cerca por un esclavo bizco que le recordaba su condición de mortal y le proponía constantemente acertijos, a cuál más difícil.

Fueron los romanos los que más hicieron evolucionar el arte de la guerra, con máquinas estupendas y estrategias para interceptar el suministro de antidepresivos a sus enemigos. Sus victorias proporcionaron prisioneros y esclavos. Un listo propuso ponerlos a cavar y a acarrear ladrillos, en vez de ajusticiarlos, y aseguró así el desarrollo de la civilización romana.

Roma destacó también como ciudad entre las del orbe conocido entonces. Como refiere el historiador Quinto Sexto, estaba hermanada con Tegucigalpa y tenía su propio equipo de hockey sobre patines. Todos los edificios de Roma, tanto sagrados como civiles, mantuvieron durante siglos alquileres de renta antigua.

Se mantuvo la costumbre etrusca de juegos escénicos y de habilidad. Había juegos consagrados a Júpiter, Juno, Minerva, Ceres, Maradona y otras deidades. También el teatro desempeñó un papel fundamental en esa cultura, aunque no se conocían aún los monólogos en que se reprocha a los varones no levantar siempre la tapa del retrete (del inodoro).

El circo era divertido. En él se celebraban el sorteo anual de la Lotería Capitolina y carreras de cuadrigas, que eran unos carros donde corrían un auriga y cuatro caballos: el auriga subido encima llevando las riendas y los caballos delante, tirando del carro, aunque también podían combinarse de otra manera. El Foro servía como lugar para insultar a placer a los senadores y para hacer apuestas.

Las casas romanas tenían numerosas habitaciones especialmente destinadas al culto a los antepasados, por lo que era muy frecuente que los vivos tuvieran que irse a dormir a un hotel. Las paredes interiores solían estar decoradas con fresquitos (frescos pequeños) y era también habitual el empleo de mosaicos en el suelo. Este arte se cotizaba mucho y, para no estropearlos, los romanos cruzaban las habitaciones pegados a las paredes.

Con el paso del tiempo, la extensión de los dominios de Roma hizo necesario cambiar la estructura del poder y pintar unos mapas más grandes. El emperador se convierte en un tribuno por encima de los demás, rodeado de consejeros con bonitas togas y obligado a posar nueve horas diarias para los escultores oficiales. Cuanto más crece el Imperio, se dictan más leyes y se consumen más macarrones.

Esencial para la existencia del Imperio fueron sus vías de comunicación. Roma expropiaba los terrenos, los limpiaba de conejos y elaboraba la vía propiamente dicha, con distintas capas de varios materiales (principalmente una mezcla de arcilla, grava y restos de presos políticos). Estos caminos solían tomar el nombre de las hortalizas que se transportaban por ellos (Vía Apia, etc.).

Mis estimados estudiantes y discípulas, el latín era la lengua funcional del Imperio, pero entonces era más fácil que ahora y no tenía declinaciones (éstas se introdujeron tiempo después, como castigo para niños revoltosos). La religión, tomada de Grecia, sufrió, sin embargo, alteraciones. Los dioses cambiaron sus nombres y direcciones. En general los romanos fueron muy abiertos a otras tradiciones religiosas y aceptaron en su panteón divinidades extranjeras, previo pago en sestercios (la moneda oficial en esta época, que valía el doble de lo que valía. Lo explicaremos: sestercio quiere decir «seis tercios», y si en una unidad hay tres tercios, pues seis tercios son el doble, o sea, dos unidades). Fue famosa una secta que abordaba a las gentes por las calles y les preguntaba «¿Te has parado a pensar alguna vez que Júpiter te ama?»

Pese a todas… ¡Por las once mil vírgenes! ¡El único que puede disertar aquí soy yo!... No, dije "disertar", no "desertar". ¡No voy a desertar!...

Decía que, pese a todas estas glorias, el Imperio romano acabó desapareciendo del mapa, de lo cual se alegraron mucho los escolares del lugar, que ya no tuvieron nunca más que aprender latín y partirse la cabeza con las declinaciones.

¿Conocen la frase "todos los caminos conducen a Roma"? Bueno, se la explico… saquen una hoja en blanco para que… ¡No, no! ¡Un momento! ¡Por las once mil vírgenes! ¡No es una prueba…! ¡No pueden desertar!

# DECIMOSEGUNDA CLASE MAGISTRAL
# EL ALEVOSO AUNQUE NECESARIO
# ASESINATO DE CLAUDIO

Buenas a todos, mis estimados discípulos y colegialas.

Pónganse cómodos, porque con la colaboración de mis alumnos del año pasado, he escrito y dirigido esta obra teatral que representaremos aquí, donde se me ocurrió reunir la materia de la Clase correspondiente al día de hoy. Al final debatiremos el argumento.

La intitulé:

"Tragedia de romanos malvados y asesinosos"

Comenzamos…

*(Sala en el palacio del César. En escena una mesita con un frutero que tiene uvas. Sale Tulio Máximo, con un melocotón. Ve que no hay nadie, lo pone en el frutero con precaución y hace mutis por donde entró. Sale Marco Tibio Pilón, con un plátano, repitiendo el mismo juego. Al poco, Pomponio Craso con una pera. El mismo juego. Finalmente Pirro, con una piña. Mismo juego. Sale Claudio, el césar, con toga muy lujosa y laurel en la frente.)*

CLAUDIO: Ya anochece. ¡Qué lata que me dieron los arquitectos con los planos del acueducto que mandé construir! Hay que ver qué pesados que son. Llevo trabajando desde la hora tercia. ¡Qué de afanes da el ser César! ¡Y qué desagradecida es la plebe! Yo aquí, trabajando como un burro, construyendo templos a las deidades, conquistando la Macedonia la Tracia y la Britania, y ellos dándose la dulce vida con el trigo que les repartimos y acudiendo a hacer apuestas sobre los gladiadores. Pero ahora no me voy a tomar más trabajo por ellos. Solo les daré *panem et circenses* y que se apañen. No he de hacer ni un sólo acueducto más en lo que me queda de vida.

*(Por el foro, los conjurados, escondidos y sin verse unos a otros.)*

TULIO: (Por Júpiter que dice la verdad.)

CLAUDIO: Hablando de otra cosa: ¿he cenado? No, pues entonces y como mi salud es muy importante me voy a sacudir un tentempié para el bien del Imperio.

POMPONIO: (¡Oh, divina Vesta, haz que agarre la pera!)

PIRRO: (La piña, ¡oh Marte vencedor!)

TULIO: (¿No habrá de escoger el melocotón?)

MARCO: (¿No te apetece un exquisito plátano de las Canarias?)

CLAUDIO: ¿Qué fruta he de elegir? He aquí el dilema. ¿Qué es más noble al estómago? ¿La pera? ¿O, quizá, por ventura, la banana? En fin, lo dejaré en las manos del azar eligiendo con los ojos cerrados. Así sabremos que fruta prefiere el destino.

TULIO: (Melocotón.)

MARCO: (Plátano.)

PIRRO: (Piña.)

POMPONIO: (Pera.)

TULIO: (Decídete, hombre, que estamos esperando.)

CLAUDIO: (S*e tapa los ojos y escoge un grano de uva.*) Una uva, la fruta de Baco. Me apetece.

MARCO: (¡Mecachis en la mar Tirrena!)

PIRRO: (Mala suerte.)

TULIO: (No doy una con esto de los venenos.)

CLAUDIO: *(Comiéndose la uva)* ¡Ag! Está podrida. Qué mal sabe. ¡Por Cástor y Pólux, que me quedo sin estómago! ¡Estaba envenenada! (*Cae al suelo. Todos quedan estupefactos.*) ¡Sic transit gloria mundi!

(*Claudio muere definitivamente. Sale Pirro.*)

PIRRO: ¡Por los pliegues del manto de mi abuela! ¡Se ha muerto con la uva! (*Tulio hace lo mismo que Pirro, o sea: salir.*)

TULIO: Parece increíble. (*Ve a Pirro, cosa fácil porque Pirro es gordo.*) ¡Eh! ¿Qué haces tú aquí? (*Sale Marco, por no ser menos.*) ¡Estos dos también eran asesinos!

MARCO: Y dice el refrán que no hay dos sin tres.

(*Sale Pomponio.*)

POMPONIO: Y que donde fallan tres fallan cuatro.

PIRRO: Y que mal de muchos, consuelo de tontos.

MARCO: Pero ¿cómo se ha muerto?

(*Por el foro sale Agripina, esposa de Claudio, una señora muy seria.*)

AGRIPINA: Yo os lo diré, pedazo de bestias.

TODOS: ¡La patrona!

AGRIPINA: ¡Inútiles! ¡Que no servís ni para tirar de un carro de carreras! Si no llego a prever el resultado y a optar por actuar por mi propia cuenta no hubiera conseguido nada. ¿Tan difícil era?

MARCO: El que cogiera la uva solo fue una casualidad.

AGRIPINA: ¿Y también fue una casualidad el que se os ocurriera a los cuatro envenenarle la fruta? Yo prometí una recompensa generosa, una bolsa llena de talentos a aquel que exterminara a mi marido porque no es de buen gusto ni está bien mirado que lo haga yo con mis propias manos, y no se os ha ocurrido ningún medio efectivo con qué hacerlo. No tenéis nada en vuestras mentes. Ya podéis despediros de los talentos.

PIRRO: ¡Perdónanos, oh, insigne Agripina!

TULIO: Sé clemente.

MARCO: Considera que no podíamos hacer uso de nuestros talentos ya que aún no nos los habías dado.

AGRIPINA: Ahora todo está consumado. Colgaremos por el cuello al abastecedor de frutas de palacio, cerraremos el expediente y por fin mi hijo, Lucio Domicio Enobarbo Nerón, regirá el imperio como siempre ha sido mi sueño. Con él verá Roma días artísticos y elegantes, pues tiene un corazón de poeta.

*(Una pausa angustiosa durante la que todos piensan en Nerón y en su ramalazo.)*

POMPONIO: (Pues si lo llegamos a saber nos ahorramos la fruta.)

TELÓN


¡No escucho el aplauso! Muchachos, ¿qué les pareció? Vamos, mis estimados discípulos y colegialas, Vamos, díganme… Sí, claro, puede hablar usted, pero antes lo felicito, porque el personaje de Claudio que interpretó le quedó perfecto… Por nada… ¿Pero por qué habla tan bajito?... ¿Salir yo y volver más tarde? ¿Y eso por qué?... ¿Para qué? ¿Para no despertar a tus compañeros dice?... ¡Ah, por eso todos tienen gafas de sol puestas…!

(¡Por las once mil vírgenes!)

# DECIMOTERCERA CLASE MAGISTRAL
## BÁRBAROS EN HISPANIA

Buenas a todos, mis estimados colegiales y escolaras.

¿Recuerdan al insigne historiador y profesor Don Ramón Menéndez, que imparte sus Clases en este mismo Centro Educacional, pero no a ustedes sino al otro grupo? Pues él mismo me facilitó un folleto que escribió sobre los visigodos, al yo comentarle que ese era el tema de nuestra Clase de hoy.

¿Quiénes eran los visigodos? ¿Qué hicieron durante toda la edad media? ¿A qué hora se levantaban por las mañanas? ¿Qué desayunaban?... Todo eso lo explica el folleto de Don Ramón Menéndez, escrito por el estudiante Jaime Saladrigas, con la esperanza de que el insigne historiador Menéndez le mantenga alta la nota y, después, le facilitase un puesto de profesor en nuestra cátedra.

Pero nos debe dar igual esos chismes. Mejor concentrémonos en lo que les contaré hoy sobre los visigodos, basado en este folleto.

Miren, como consecuencia o resultado de la invasión o ataque de los hunos o los otros, los pueblos o tribus germánicos o bárbaros asentados o establecidos al norte o encima del Rin o Rhone —que formaba o constituía la frontera o demarcación de los territorios o países romanos o latinos—, ocuparon o invadieron Hispania o Iberia.

Eran, concretamente, visigodos, una tribu de godos, de la variedad *visi*, menos combativos y más asustadizos que otros pueblos, no sabemos por qué. Sí sabemos que, pese a tener muchas y hermosas mujeres rubias, no se reproducían mucho e hicieron siempre un mal papel demográfico.

Tuvieron un rey, Alarico, que firmó tratados a diestro y siniestro con unos y con otros sin que se sepa muy bien por qué. Este rey, inexplicablemente, era maño. ("Maño", que significa simplemente «aragonés bruto», es la forma inculta de "magno". Suele pasar que los analfabetos conviertan el grupo vocálico 'gn' en 'ñ. Así tenemos palabras como "mañolia", "siño", "iñorar", "iñición", "teñología". etc.)

Su gastronomía se basaba principalmente en el mazapán, por lo que establecieron su capital en Toledo, que es donde se crían los mejores mazapanes, en unos árboles muy hermosos.

Su medicina se basaba en el ajo, frotado, ingerido y hasta «enemado» (no sé cómo decirlo con mayor elegancia).

Pero, mis estimados colegiales y escolaras, ya hemos dicho que la población visigoda que penetró en Hispania fue escasa. No pasaron de ciento tres mil doscientos veintisiete (contando las gallinas que traían), más o menos la población actual de Oviedo, sólo que sin *vaques*. (Esto hay que explicarlo. En

Oviedo no tienen lengua propia, pero siempre quisieron tener una. Así que se la inventaron. Cambiaron terminaciones de palabras castellanas y dijeron que era su lengua regional. Dicen 'vaques' en vez de 'vacas' y 'caballes' en vez de 'caballos' y se quedan tan contentos.)

Adoptaron la religión arriana, la de los seguidores de Arrio, un señor que nadie sabe muy bien qué pretendía, y que, pese a lo que pueda parecer, no consistía en arrearse, sino en trabajar como arrieros, llevando cosas de acá para allá y diciendo palabrotas todo el rato.

La sociedad de la Península (ya hemos dicho que era una sociedad limitada) quedó compuesta por hispanorromanos, visigodos, judíos, Adventistas del Séptimo Día y miembros del Círculo de Lectores. Pero, sin embargo, la estructura social permaneció inalterable: siguieron existiendo unas minorías que vivían de las rentas y se siguieron utilizando los caballos muertos para hacer mortadela.

Parece ser que una característica típicamente visigoda era la de poner motes cómicos a sus reyes. Tanto es así que no sabemos cuáles fueron sus nombres auténticos. Porque los historiadores se resisten a creer que nombres tales como Leovigildo, Recesvinto, Recaredo o Chindasvinto sean nombres de verdad.

En el año 711 los árabes le sacudieron fuertemente al rey don Rodrigo, que salió corriendo y no ha parado aún. El caudillo invasor, Tariq, mandó dragar el río Guadalete, por si encontraba el cadáver del rey godo, que podría subastar entre sus huestes, pero sólo consiguió sacar fango, porquería y un elefante disecado que sus capitanes habían puesto allí para gastarle una broma.

Se podrían decir muchas cosas más de los visigodos, pero como también podría no decirse ninguna en absoluto, optamos por la segunda, que es más descansada.

Ahora, si alguno de ustedes desea que yo continúe hablando sobre los visigodos que levan... Muy bien, por unanimidad dejamos la Clase aquí...

# DECIMOCUARTA CLASE MAGISTRAL
# MONGOLES DEL MUNDO, ¡UNÍOS!

Buenas a todos, mis estimados escolares y aprendizas.

Hoy tenemos una Clase especial. El tema es la vida y la obra de Gengis Kan, pero eso no es lo relevante. La Clase de hoy es única, porque ustedes escucharán una grabación increíble, la cual nadie ha oído hasta el momento, así que es un estreno a nivel mundial, que hará Historia sobre la Historia.

Les explico. Perdón si estoy tan excitado, pero ya verán que no es para menos. La cosa es que anoche me invitaron a una sesión espiritista muy importante, ya que iba a asistir a ella la afamada espiritista cubano-inglesa Mery Elizabeth Sotolongo, experta en comunicarse con seres con larga data en el más allá.

Entonces se me ocurrió ir, y si realmente era cierto todo lo que dicen de ella, podría invocar el espíritu de un personaje histórico y entrevistarlo yo mismo. La médium aceptó sin inconvenientes mi pedido. Pero lo que nadie sabía es que conmigo iba oculta una micrograbadora de alta calidad, la cual registró todo. O eso creo.

Así, como tocaba hoy estudiar con ustedes a Gengis Kan, solicité entrevistarlo a él.

Estoy así de nervioso, porque la sesión terminó muy tarde y no me ha dado tiempo aún de escuchar la grabación y no sé si algo salió mal, ¿entienden?

Bueno, para dar una buena ambientación, mis estimados escolares y aprendizas, cierren las puertas y las ventanas, apaguen las luces y escuchemos… ¿Listo?... Ahí voy…

—¡Chá pallá…! ¡Hum!... ¡Siacará…! ¿Quién queré hablá con yo?

—Mire, señora, yo soy el Profesor Pericot y quisiera hacerle unas preguntas al señor Gengis Kan.

—¿Gengibre el can!… raro el nombrete, sí, señó… Pero yo buscá… ¡Cha pallá!... ¡Hum!... ¡Siacará…!

—Gracias, es usted muy amable, señora.

—¡Por mil tiburones y por los cuernos de Belcebú! ¿Quién me trata de señora? ¿Está buscando tener un duelo a muerte conmigo?

—¡No! ¡Perdón! Mire, yo soy el Profesor Pericot. ¿Usted es Gengis Kan?

—¡Rayos y centellas! ¡Mi nombre es Sandokan!...

—Este… parece que hubo un malentendido con el Kan…

—¡Ugg!... ¡Chá pallá!... Paré que me equivoca yo... yo seguí buscá... ¡Hum!... ¿Cómo decir llamar el ñor?

—Gengis Kan.

—¡Siacará!... ¡Hum!... Yo buscá otra vé...

—Gracias, señora.

—¿Sí? ¿Quién me interpela en sí y como tal?

—Perdón, pero, ¿usted es Gengis Kan?

—Claro que no. Sin dudas hubo un error metafísico, porque yo soy Enmanuel Kant...

—Me lo imaginé... ¡Señora!

—Oiga, ñó Pericotit. Yo confundí el kan... ¡Hum! ¡Pero ya tamos cerca de tu ñor! ¡Yo podé... I´kan...! ¡Chá pallá!... ¡Hum!... ¡Siacará...!

—¡Yo soy Gengis Kan! ¿Quién me busca?

—¡Al fin!... Este... Hola, ¿qué tal?... Mire, yo soy el Profesor Pericot y deseo entrev...

—Meno mal que ubiqué al ñó Kan ese...

—¡Por las once mil vírgenes! ¡Si ya estaba hablando con él!

—No enojá, ñó Periquit. ¡En un do por tré me comunico con Kan otra vé...! ¡Hum!... ¡Siacrá...!

—Gracias.

—¿Y para que desea hablar conmigo?

—¿Gengis Kan?

—Claro, ¿existe otro acaso?

—No, por supuesto. Mire, lo que yo deseo es entrevistarlo, porque mañana tengo que enseñarles a mis estimados alumnos sobre su vida y su obra, ¿entiende?

—Sí, comprendo. Y me gusta, para que el mundo sepa de primera mano mi real y verdadera historia.

—Perfecto. Comenzamos entonces con su fecha de nacimiento. ¿Usted nació, como muchos afirman, en 1163?

—No recuerdo el año en que nací, porque en esos tiempos no nos preocupábamos de esas cosas. Pero si quiere averiguarlo, investigue este dato: el día que nací parió la yegua de nuestro vecino Yarug Sendenbal.

—Muy bien, gracias, lo anotaré. Y dígame, por favor, ¿es cierto que su nombre es Yamuyín?

—Sí.

—¿Y su sobre nombre es Gengis entonces?

—Sí.

—Y "Gengis" significa "océano", ¿no es verdad?

—Sí.

—¿Y cuál es lo correcto: Gengis Kan, o Gengis Khan, o Gengis Jan, o Cingis Jan, o…?

—¡No jodé má, ñó Poirot! ¿Por qué no preguntá de Historia, cará? ¿Eh? ¿Por qué no preguntá lo que le gusta a la gente? ¡Eso! ¡De sus mujé!... ¡Dale!... ¡Hum!... ¡Siacará...!

—Perdón... Señor Kan...

—Mi apellido no es Kan. "Kan" es un título turco—mongol que significa "máximo gobernante". ¡Lo que fui yo en vida!

—Así es... Usted fue el que unió a todas las tribus nómades y fundó el primer imperio mongol. En contiguo fue el más extenso de la Historia...

—¿Usted me lo está preguntando o eso fue un acto de servilismo suyo?

—Dije unas palabras de admiración hacia usted.

—Sí, las mismas que aparecen en Wikipedia. ¿Usted cree que en el infierno no hay Wi Fi?

—Perdón...

—¿Qué más quiere saber de mí?

—De las mujé, ño Peritonitit. Preguntá... ¡Hum!

—Señor, Gengis...

—Kan. Más respeto, porque soy Kan, me lo gané.

—Es cierto, disculpe. Señor Gengis Kan, ¿usted puede explicar la rápida expansión de su enorme imperio?

—...

—¿Señor Gengis Kan?

—...

—Este... señor...?

—...

—Paré que se jodé la señal, ño Peritajet...

—¡Por las once mil vírgenes!

—Yo queré sabé, ño Perimetrot, si usté está casado, o tené novia...

—¡Por favor, señora! ¡Contacte a Gengis Kan para terminar la entrevista!

—Ta bién, ño Periferiot. Yo buscá otra vé... ¡Hum!... ¡Chá pallá!... Aquí Sotolongo, cambio... ¡Hum!... ¡Siacará...!

—¡Qué me estaba preguntando cuando se fue el contacto?

—¡Ah, sí! Le preguntaba si usted pudiera, en pocas palabras, explicar la rápida expansión de su enorme imperio.

—Mire, en el siglo XIII donde yo viví, hubo una explosión demográfica mongola.

—Si habé una explosió morir muchos, no poder expandí...

—¿Señor Gengis Kan?

—¿Sí?

—¿Esa fue la única razón de la expansión?

—Esa y también la desecación de los pastos, y también que si no tenía a las tribus con un objetivo militar se disolvería todo.

—Perfecto. Entiendo. ¿Y por ello fue que en 1215 tomó Pekín?

—Así es.

—Cará, ño Pericontot, ¿cuánta mujé china él tuvo allí? Preguntá eso.

—Señor Gengis Kan…

—Sí, dígame.

—Entre 1216 y 1223, con 2000,000 soldados a su mando, usted conquistó Asia Central, Persia y Afganistán. Quisiera saber…

—¿Con cuánta mujé se acostó?, porque paré que él ser bueno en cama, ¿eh?,¡je, je… ¡Ven acá, mi Kancito rico!

—Quisiera saber, decía, ¿cómo se puede dirigir a tantos hombres y darles un mínimo de vida digna para que sigan peleando por su causa. Por ejemplo, ¿qué comían sus ejércitos?

—Yogurt.

—¿En serio?

—De verdad. Ese era el más común de los alimentos de mis huestes.

—¿Y cómo lograba vencer en sus asedios, con lo bien que se defendían sus enemigos?

—Yo acumulaba muertos, sobre todo los que fallecieron por peste bubónica y los lanzaba por encima de los muros de las ciudades asediadas.

—¿Se da cuenta que usted fue el primero que usó un arma biológica en la Historia?

—¡Cará! ¡Tú no preguntá nunca lo que le gustá a la gente! ¿A tú no importá el sexo, ño Pericot?... ¡Perdón! Te dije Pericot, ya no sé ni lo que digo... ¡Hum!... ¡Entonce eto e lo que haré ahora, cará!... ¡Siacará!...


Lo siento, mis estimados escolares y aprendizas, pero en este punto la señora Sotolongo nos echó del salón para quedarse sola con Gengis Kan... ¿Eh? ¡No, no sé lo que pasó ahí...!

¿Pero se dan cuenta de la magnitud de lo que acaban de oír?... ¡No, no averigüé! ¡Nos fuimos de allí! ¡Por las once mil vírgenes! ¡Ustedes deberían estar excitados por...! ¡No, no por lo que hicieron ellos después, sino por la importancia histórica de...! ¡Abran todo y enciendan las luces! ¡Pero rápido...!

# DECIMOQUINTA CLASE MAGISTRAL
## CARACOLES QUE CAMBIARON
## LA HISTORIA

Buenas a todos, mi discípulos y escolaras.

La Clase correspondiente al día de hoy la suspenderemos… ¡Un momento! ¡Siéntense!... Decía que la suspenderemos… ¡Deténganse! ¡Paren ya de hacer esa gracia! ¡Cada uno a sus puestos! ¡Por las once mil vírgenes!... Decía que la Clase que tocaba hoy la sustituiremos por otra… ¡Silencio! Ya verás que les gustará muchos porque es de acción, como esas películas que a cada rato los pillo viendo en sus tabletas electrónicas.

Comencemos entonces…

Hoy abordaremos el suceso que marcó el fin de la Edad Media (¡ya era hora!): La Caída de Constantinopla (por dejarse la puerta abierta).

Miren, cuando nos dejamos una puerta abierta, por descuido, lo más que suele pasar es que se nos cuele un ladrón; pero éste no se queda generalmente a vivir en la casa, como en la historia que voy a contar. En ella vemos cómo un cuarto de kilo de caracoles fue el causante de la caída del Imperio Cristiano de Occidente, con capital en la ciudad de Constantinopla, en el año mil cuatrocientos y...

(¡Canastos! Se me ha olvidado en qué año fue. Pero da un poco igual, ¿no es cierto? Además, ¿no estamos de acuerdo en que lo importante de la historia es el contenido y no las fechas? ¡Pues ya está!).

La tragedia sucedió de la siguiente forma: la ciudad de Bizancio, amurallada por sus cinco costados, tenía diversas puertas en diversos lugares de la muralla. Algunas de ellas dispuestas para entrar y las otras, para salir. Entre las puertas dispuestas para salir estaba una chiquitita en un extremo, a la que se le había roto la cerradura. Cortesanos conscientes de su deber cívico informaron al Emperador de la necesidad de reparar dicha puerta y el cerrajero real, que rompía las del palacio cuando al Divino se le olvidaban las llaves, se llevó la cerradura a su casa con la sana intención de arreglarla y colocarla de nuevo esa misma tarde.

Así lo hubiera hecho, sin duda, si no hubiera dado la casualidad de que su cónyuge había traído para la comida del mediodía una suculenta ración de caracoles. El cerrajero se comió los caracoles con un alfiler, pensando hacer por la tarde el trabajo real y, ¡oh, tristeza!, le sentaron tan mal que tuvo que pasar toda la tarde y toda la noche en la cama a causa del fuerte dolor. Que pasara toda la noche en la cama no tenía tanta importancia, puesto que era una costumbre que respetaba a diario; pero el que pasara la tarde significó que no pudo hacer el encargo del Emperador, que ahora no recuerdo si era Justiniano, Teodosio o quién diablos.

A la mañana siguiente, cuando el cerrajero se levantó, llegó a sus oídos una voz que anunciaba la próxima tragedia: *¡Turcus venient!* (que, según me dijo un Catedrático de latín, amigo mío, quiere decir «Agachaos, que vienen los turcos.»)

Efectivamente: al poco vinieron los turcos y comenzaron a asediar la ciudad. Los bizantinos se les reían en las narices, porque estaban plenamente convencidos de la firmeza de sus murallas.

Toda la población se hallaba muy ocupada en la tarea de sacarle brillo a la cúpula del Hagia Sophia para que los turcos se llevaran una buena impresión del lujo y el esplendor de Bizancio, por lo que no se acordaron ni por un momento de que se habían dejado la puerta abierta.

Naturalmente que, durante los meses de asedio, algunos bizantinos, al pasar por allí, vieron abierta aquella puerta que entonces se llamaba Kerkaporta, que no sabemos lo que quiere decir. Pero no hacían mucho caso, porque era una puerta muy pequeña y, sobre todo, porque como ya hemos dicho, era una puerta que sólo se usaba para salir y los bizantinos eran grandes amantes de la tradición.

El hecho es que los turcos no sabían casi nada de las tradiciones de los bizantinos, hecho que éstos se pasaron por alto, y tenían una de esas características orientales que los árabes dejaron en España: el inveterado deseo de llevar la contraria. Probablemente, si hubieran hallado abierta una puerta para entrar, hubieran renunciado al asedio; pero al hallar abierta una puerta para salir, entraron dentro y conquistaron rápidamente la ciudad.

El ex emperador se enfadó sobremanera y mando buscar a los culpables que le habían puesto en manos de los turcos y destruido su ciudad, que era todo su Imperio, el más grande y el más pequeño que vio jamás Europa. Pero no pudo castigar a los caracoles.

Mis estimados discípulos y escolaras, concluyo diciéndoles que la victoria de los turcos fue fundamental para la historia occidental. Porque los turcos, al invadir Viena en el siglo XVII provocaron la invención de los *croissants*, que son esos bollos de hojaldre tan ricos en forma de media luna. Sin ellos, Europa no sería lo que es.

Emocionante la historia, ¿no es cierto? Yo sabía que les iba a encantar por la acción, la aventura… ¡Por las once mil vírgenes! ¿Qué están viendo? Espero que sea una película sobre… Déjenme ver… ¡¿Qué?!…

# DECIMOSEXTA CLASE MAGISTRAL
## EL RENACIMIENTO

Buenas a todos, mis estimados colegiales y aprendizas.

Continuamos el tema de la Clase anterior… ¡No, guarden las tabletas! ¡Hoy no verán ninguna película!... ¡Atiendan aquí!...

Miren, hoy estudiaremos ese momento mágico de la Historia cuando, ¡por fin!, se acabó la Edad Media, que ya venía durando demasiado, ¿no es cierto? Entonces, comencemos hoya la clase que viene a continuación del Medioevo, en orden cronológico: El Renacimiento.

Definición: el renacimiento fue esa época mágica de libertad cuando los hombres podían llevar mallas muy ajustadas sin que nadie dijera que eran raritos.

Todo empezó cuando los clásicos greco-latinos se olieron que estaban ya de capa caída y que su civilización no tenía futuro. Entonces se dedicaron todos a enterrar todos sus cuadros, esculturas, libros, etc. para ver si había suerte y siglos más tarde alguien los descubría. De tanto enterrar, sus últimos siglos los pasaron bastante polvorientos y sucios.

Pasó la Edad Media, esa época llena de visigodos (los que quieran enterarse de algo sobre los visigodos, mis estimados alumnos y alumnas, pueden consultar en este mismo libro el capítulo sobre "Bárbaros en Hispania" o también pueden preguntarle por los visigodos a algún vecino, a ver si hay suerte y sabe algo) y de curas, y, por fin, la gente empezó a desenterrar cosas, allá por el siglo XV. Parece ser que fue en Italia donde se desenterró más, quizá porque en el resto de Europa el terreno era más pedregoso.

Durante el renacimiento se dio mucha importancia al hombre. Durante la Edad Media se había dado más importancia a la mujer, pero ya hemos dicho que éstos eran tiempos más libres y que los gustos habían cambiado.

Parece ser que a este proceso contribuyeron algunos avances científicos. En primer lugar, se inventó la brújula, que permitía navegar sin tener que ir mirando la costa todo el rato (todos los que ejercían el oficio de costeadores o miradores de costas quedaron en el paro). También se popularizó el uso de la pólvora para disparar y salir corriendo. La importancia de tipos móviles facilitó la impresión de libelos insultantes y la consiguiente producción de dagas florentinas para venganzas mediante el apuñalamiento en el riñón.

Uno de los mayores logros del renacimiento fue conseguir que se dejara de una maldita vez de aburrir a la gente con Aristóteles esto, y Aristóteles aquello.

El ideal de caballero renacentista consistió en saber manejar a la vez la pluma y la espada. De la pluma renacentista ya hemos hablado. La espada llevó a muchos escritores egregios a morir tontamente asaltando cualquier ciudad de la que ya no nos acordamos.

El arte renacentista se caracterizó porque hubo muchos frescos. Artistas magníficos de este período fueron Rafael, Donatello y otros que sirvieron de modelo a muchos y para que nosotros pudiéramos disfrutar de las tortugas ninja.

El renacimiento culminó en el barroco, que es como decir que, después de unas sopas de ajo, te introduces en el gaznate un helado de tres sabores, con plátano, guindas y virutas de chocolate por encima.

Hoy en día el renacimiento tiene muy buena prensa, porque el mundo está hoy tan mal que las cosas de otros tiempos nos parecen mucho mejores.

¿Qué otra cosa han escuchado ustedes, mis estimados colegiales y aprendizas, sobre El Renacimiento?... ¿Qué?... No usted se refiere a La Resurrección. Y no volvió a nacer, como dice usted, resucitó que es otra cosa... ¡Por las once mil vírgenes! ¡Qué ganas de crucificarme me están dando...!

# DECIMOSÉPTIMA CLASE MAGISTRAL
# UNO DE LOS GRANDES INVENTOS

Buenas a todos, mis estimados aprendices y bachilleras.

¿Alguien sabe cómo se publica un libro?... ¡No, un e-book, no! ¡Un libro físico!... ¡No, libro de física, no, un libro cualquiera!...¿Lo saben o no?... Me lo imaginaba… (¡no saben ni leerlos!).

Miren, publicar un libro nunca ha sido tarea fácil. Antes del siglo XV, el proceso de publicar un libro era el siguiente:

1.-A alguien se le ocurría escribir un texto. En papiros primero, o en pergaminos después, o en grafitis en muros y baños últimamente.

2-Lo hacía utilizando plumas de aves. Las más lujosas eran las plumas de cisnes, pero en el mercado podía hallar a moderados precio las plumas de pavos y si deseaba algo mucho más económico, pero más difícil e trabajar, claro, existían las plumavit.

3.- Como tintas, se usaban las hechas con una secreción de la glándula hipobranquial de un género de molusco gasterópodo, o las tintas hechas de una especie de tumor vegetal provocado por insectos, o las hechas de los restos de un banquete de calamares cocidos en su ídem.

El próximo paso era editar el libro. Para ello había que trasladar la enorme cantidad de rollos escritos hasta la casa de un especialista, un erudito, que revisaba el texto, lo borraba para rectificar y volvía a escribir sobre él, incluso hasta un texto que nada tenía que ver con el original. Esto se llamó "palimpsesto", aunque muchos lo llaman un descaro y una falta de respeto del editor.

Y por último, se llevaban los rollos ya rectificados a un monasterio de donde se sacaban las copias que uno deseaba.

¿Cómo era el proceso de reproducción del texto? Fácil. En un enorme salón del convento se instalaban unas cuantas hileras de pupitres, donde sentaban a decenas de monjes copistas analfabetos. El nivel de analfabetismos era importante para que nadie pudiera leer lo que copiaba, una, con el objetivo de no hacerlos sufrir con lo que se escribía en esos tiempos y dos, para poder reproducir libros prohibidos, como negocio, sin que nadie lo supiera. Por supuesto, eran frailes con una devoción y una caligrafía exquisita, eso sí. Entonces al primero sentado en la fila de adelante, le entregaban el primer rollo y copiaba la primera línea en dos horas. Después se la entregaba a un aprendiz que se ponía a soplar con su boca durante otra dos horas para secar la tinta, y en ese tiempo se le daba el primer rollo al del segundo pupitre, el cual copiaba la segunda línea, dejando el espacio para la primera, la mandaba al secado también, y así seguía el flujo de producción hasta lograr en menos de un año saliera un ejemplar del texto, o antes si hacían horas extras. Para eso les ofrecían estímulos a los monjes copistas, como por ejemplo, entradas para ver desde una buena ubicación las quemas de herejes por la Inquisición y otros espectáculos masivos.

A todo este proceso de reproducir textos se le llamaba popularmente "impronta", no sé por qué. Quizás por eso, se inventó la "imprenta", más o menos por el año 1440.

¿Quién la inventó? Un orfebre alemán llamado Johannes Gutenberg, el cual se llevó los lauros, dejando en el olvido a otros que hasta aportaron más que él, dicen, en la creación de una máquina que dejaría cesantes a tantos monjes, provocando un aumento considerable de horas/rezos en el mundo eclesiástico.

¿Qué beneficios le aportó la imprenta a la Humanidad? Como son muchos, sólo mencionaré los principales:

• Los escritores y pensadores del siglo XVI vieron en la imprenta un medio de comunicación sin igual. Por suerte, algunos de esos eruditos no se dieron cuenta y otros eran débiles visuales.

• Se masificaron todos los textos, porque mientras los impresores del norte de Europa fabricaban sólo libros religiosos, sus pares italianos hacían libros profanos, como los autores clásicos griegos y romanos, por ejemplo. Dicen que sus pares franceses aprovecharon para masificar la pornografía, pero de eso no hay pruebas. Por lo que muchos hombres la buscan aún.

● Fue la cuna del periodismo escrito moderno; pero no cualquier periodismo, por supuesto, sino el más importante y trascendente: el periodismo rosa, de farándula.

¿Alguno de ustedes, mis estimados aprendices y bachilleras, tiene en mente escribir un libro?... ¡No, ese tipo de libro, no! ¡Por las once mil vírgenes!... Terminamos por hoy…

# DECIMOOCTAVA CLASE MAGISTRAL
# VIDA ESCUETA Y SUCINTA DE COLÓN

Buenas a todos, mis estimados bachilleres y aprendizas.

Como parte de mi metodología pedagógica, ustedes saben que cada vez que puedo, prefiero abordar el tema de la Clase que corresponde con un formato atípico. En esta ocasión será una obra de teatro que logré rescatar en una Feria del Libro Usado de mi barrio.

La obra se titula:

*Verdadera relación sobre cómo se enteró Colón de lo de América y de cómo le presentó su proyecto al rey católico y de lo que éste le contestó.*

*(El Alcázar de los Reyes o cualquier otro lugar igual de regio. Cristóbal Colón se dispone a hablar ante Fernando.)*

COLÓN

Esta relación te haré:
pues estaba una mañana
tomando el sol en la quinta

que tengo bien instalada
en una isla, a la cual
la de Madera la llaman,
comiéndome un bocadillo,
meciéndome en una hamaca,
cuando entreví que una cosa
se acercaba a la baranda.
Mis dos oídos como imanes,
posáronse en tan extraña
cosa, que no parecía
ni un hombre ni una alimaña.
quedeme con un gran susto,
mi boca quedó sin habla
y casi me muero allí
viendo cómo se acercaba.
Al fin pude ver que un hombre
era, de estatura baja,
con el rostro cejituerto,
todo cubierto de algas.
Tenía de naufragar
la ropa toda empapada
los cabellos chorreando,
la cara depauperada,
en el pelo tenía conchas,
tenía almejas en las barbas,
mejillones en las botas
y en los bolsillos, escamas.
Le di albergue y asilo
varios meses en mi casa
y contó que en su barco
acaeció una atroz desgracia.
Parece que la madera,

se encontraba adulterada
y que de agua se hacían
vías, con sólo mirarla.
Se puso enfermo del pecho
y yo le hacía tisanas
pero al fin, un día de agosto,
hubo de estirar la pata.
En medio de su agonía
me dijo, antes de palmarla:
«Querido amigo Colón:
tú me has brindado tu cama,
si no me has dado ternera
me has dado, a lo menos, habas;
si no cordero, legumbres;
si no marisco, patatas;
si no me has dado café
al menos me has dado malta;
con tal amor me has cuidado
como si fueras hermana
de la caridad y siento
al darte ahora las gracias
por la bondad que mostraste
el no tener con qué darlas.
Sólo tengo en este mundo
un abuelo y unas cartas
de marear, que te dejo,
que marean con mirarlas.
Mi abuelo de nada sirve;
quizá las cartas te valgan,
que, aunque soy analfabeto
yo hice estas cartas con cada
cosa de las que vi en Indias

en expedición tan larga.
Ahora me muero a destajo.
Si no te sirven los mapas
empéñalos y, a lo menos,
paga una misa a mi alma.»
Allí falleció el señor;
le fabriqué una mortaja
con la funda de un colchón
y me puse a descifrarlas.
Vi en ellas que había un camino
que fácilmente llegaba
cruzando el mar Tenebroso
hasta las costas del Asia
por donde aquel italiano
audaz marcopoleaba.
Por eso le ofrezco, ¡oh, rey!,
ese camino a tu España,
porque llegue a las Molucas
con las naves preparadas
para traerse canela
pimentón y nuez moscada.
Piensa rey, toda la gloria
que aquí puedes alcanzar
si decides cooperar
a que logre la victoria.
Ya oíste toda mi historia:
si obtengo nave prestada
para partir preparada
juro que a las Indias llego.
¿Qué has de decir a mi ruego?

FERNANDO

Que no me entero de nada.

*(Hay un silencio embarazoso. Colón pone cara de decir «Ya me lo imaginaba yo.»)*

Mis estimados bachilleres y aprendizas, voy a complementar esta historia con lo investigado por mí. Miren, como aquello no le funcionó, Colón se inventó una historia mucho fantasiosa y disparatada con el evidentísimo objetivo de sacarle el dinero a Fernando. Se la contó al oído y, no se sabe cómo, pero acabó convenciéndole, lo cual estuvo muy bien, pero impidió que la posteridad supiese qué le contó. Algunos historiadores mantienen la teoría de que no le contó nada, sino que se limitó a hacerle chantaje, amenazándole con decirle a la reina Isabel el lío que Fernando se traía con cierta camarera de palacio. El rey, que vivía aterrorizado por su esposa, no habría podido negarse. Pero conste que esto es sólo una elucubración.

¿Saben qué es una elucubración?... Muy bien, los felicito. Continuamos entonces… ¿Y por qué no?... ¡No, no hemos terminado la Clase todavía! ¡Por las once mil vírgenes!... ¡Yo no tengo que elucubrar nada…!

# DECIMONOVENA CLASE MAGISTRAL
## COLÓN EMIGRA

Buenas a todos, mis estimados aprendices y alumnas.

Como la Clase anterior sobre Colón fue suspendida abruptamente, hoy la retomamos, también en forma de pieza teatral.

La titulé así:

Día memorable, aunque nublado, en que la reina católica, Doña Isabel, hizo caso a Colón (no en mal sentido), todo ello relatado con un leve tartamudeo por Don Enrique Díaz del Castillo, cotilla real, con un sueldo de tres pares de narices.

*(Antecámara real. Tronos, colgaduras y un frío que pela. Colón, solo, espera a que salga alguien. Aparece Isabel (la reina, ya saben), seguida de varias damas que vienen detrás de ella, porque si vinieran delante no la seguirían, sino que la precederían. Explico esto para que no haya confusiones, porque los historiadores hemos de ser muy precisos. Las damas son más feas que la reina (y eso que era difícil), pero han sido elegidas cuidadosamente para que Isabel se sienta guapa por comparación. La reina se sienta en el trono, apoyando en él lo que se suele apoyar en estos casos.)*

ISABEL

¿Es éste el impertinente
que quería descubrir
camino por donde ir
en menos tiempo al Oriente?

DAMA

Sí.

ISABEL

     ¿Qué quiere este demente?

DAMA

Audiencia ha solicitado.

ISABEL

A mí nunca me ha gustado,
pues de importunar no cesa
para realizar su empresa
este marino chalado.

*(Se dirige a él, que tiene hincada la rodilla y la cabeza
baja, como aparece en ciertas pinturas de la época. Se nos ha
olvidado decir que Colón usa flequillo y tiene cara de puerta).*

     ¿Qué sería preciso, ¡oh, buen Colón!,
para hacer un viaje tan osado?

COLÓN

Precisaría oro, un abogado,
un cura, barcos y tripulación.

ISABEL

Una cosa has de decir
tú, que todo el mundo abarcas
con tu proyecto, monarcas
¿no hay otros a quien pedir?
Si has nacido en tierra extraña
y aquí no sueles morar
¿cómo has podido pensar
que te ha de ayudar España?

COLÓN

Yo te diré la razón:
porque llevo muchos años
sufriendo a reyes tacaños
en una y otra nación.
De tu generosidad
la fama, por la que espero
ayuda, ya el mundo entero
la sabe.

ISABEL

Ésa es gran verdad.

*(Colón habla durante dos horas y media, explicándole su proyecto. La reina aprovecha para echar un sueñecito mientras tanto. Colón se bebe una docena de vasos de aguay, por fin, acaba.)*

COLÓN

Con la hispana carabela
debo esa ruta encontrar
porque errado no ha de estar

el mapa que, a la acuarela,
pintado está en esta tela.
Que está equivocado veo
el mundo antiguo, pues creo
que no es sabio, ¡no, señor!
aquel que tiene el valor
de llamarse Ptolomeo.

ISABEL

Como esta gran estulticia
juro que jamás oí nada
desde el reino de Granada
hasta el reino de Galicia.
Pero la mentecatez
es mal que aqueja en España
con gran fiereza y gran saña
a todos, alguna vez.

*(La reina se levanta del trono mediante el procedimiento
tradicional de ponerse de pie, dispuesta a dar por finalizada
la aburrida audiencia, pues tiene que irse a peinarse el moño
y se le está haciendo tarde.)*

Mas tu intento fracasó
que, aunque lo autorice el rey
—por ser también de esa grey—
no he de tolerarlo yo.
Fernando ¿aprobolo?

COLÓN

*(Confundiéndose y armándose un lío.)*

                    No.
Digo, si, no; (ya no sé
ni lo que digo), porque
primero dijo que sí
y luego entender creí
que dijo que... no sé qué,
pues parecía otorgarme
lo que quería obtener
afirmando conceder
lo que al fin vino a negarme.

*(Isabel se muestra muy picada. Nos enteramos aquí de
que, al parecer, su matrimonio no era el Paraíso terrenal,
después de todo.)*

ISABEL

  ¿Y lo ha decidido él
mi consejo desdeñando?
¿Cómo se atreve Fernando
a prescindir de Isabel?
Mas yo le enseñaré pronto
quién es el que lleva el manto
y que, si monta el rey tanto,
monta tanto cuanto monto.
Colón habrá de hacer eso
con dinero de mis arcas;
no digan que los monarcas
no se ocupan del progreso.
¿El rey teme la aventura?
¿No ayudar ha pretendido
a un hombre tan decidido
para empresa tan segura?

¿Por qué, en cambio, no procura
fomentar algo la ciencia?
Es, en realidad, demencia
temer a los mares fríos.
¡Qué se le den tres navíos
y que parta con mi anuencia!

*(Colón le besa una manga del traje, muy agradecido por los cuartos que va a recibir. Era genovés, no cabe duda, pues ya se sabe que a los genoveses el dinero les gusta más que los espaguetis a la carbonara. La reina, entonces, pronuncia una de esas frases que ha inmortalizado la historia.)*

Ve, Colón, y date prisa.
No me tardes muchos meses
porque, hasta que no regreses,
no me quito la camisa.


## TELÓN


Efectivamente, mis estimados aprendices y alumnas, según las crónicas que he leído y estudiado, no se quitó la camisa en mucho tiempo. Llegó a despedir tal olor que los buitres la seguían, cuando salía a pasear por los jardines del palacio, pensando que estaba muerta. Su camisa se conserva en los Alcázares Reales de Toledo junto a otros recuerdos reales, como la dentadura de su suegro, el rey Juan II de Aragón. En cuanto a Colón, hizo su viaje y hubo de soportar algún motín que otro por parte de la tripulación. De hecho, cuando avistaron Guanahaní, los marineros amotinados estaban a punto de darse la vuelta y regresar a España y tenían a Colón colgado por un pie y metido en el agua. Luego Colón se vengó de todos ellos impidiéndoles cohabitar con las indígenas que encontraron en América. Los marineros decidieron que, si no podían fraternizar con las nativas, el descubrimiento no había merecido en absoluto la pena.

¿Qué les pareció la historia hasta aquí?... ¡No griten! ¡Que hable uno solo!... ¡No hablen todos a la vez! ¡Por las once mil vírgenes!... ¡Por lo que más quieran, cállense, por favor!... ¡Qué alguien detenga este escándalo…!

# VIGÉSIMA CLASE MAGISTRAL
# EL NOMBRE DE AMÉRICA

Buenas a todos, mis estimados alumnos y estudiantas.

Continuando el tema del Descubrimiento de América y su significado, hoy deseo compartir con ustedes un texto que me hicieron llegar algunos antiguos discípulos míos hace un par de años, pero que nunca había usado en mis Clases por el rechazo que siempre he sentido hacia él.

Se trata de un escrito crítico, de esos inaguantables que escriben los eruditos pedantes para agobiar al personal. Lo presento hoy, aquí para no tener que escribir yo algo parecido y ahorrarme el trabajo.

Este texto es fruto de la pluma de Don Horacio Guindos, que ya ha aburrido a sus escasos, aunque bienintencionados lectores, con estudios reivindicativos en donde, aparentando optimismo, pretende demostrar con documentos fidedignos que ni Juana «La Loca» estaba loca, ni el rey Don Pedro «El Cruel» era cruel, ni Alfonso «El Sabio» era sabio, ni Billy «El Niño» era un niño, ni Jack «El Destripador» destripó a nadie, ni nada de todo eso que se dice generalmente. Las *obras completas* de Horacio Guindos se publicaron en 28 volúmenes en México en 1945 pero, afortunadamente, no las compró nadie, quedaron almacenadas en los sótanos de la editorial «Las Letras del Guanajuato» y se las fueron comiendo los ratones a lo largo de los años. No me hago responsable de las opiniones aquí estampadas al margen, que ustedes podrán ver fácilmente si algún día quieren consultar este mamotreto.

Se titula:

*Una de las grandes meteduras de pata de La Historia.*

Y dice así…

¿Cómo el nuevo continente llegó a obtener su nombre actual? ¿Por qué América se llama América y no Colombia, como hubiera debido ser? (¿O Cristobalistán?) ¿Qué pasó? ¿Quién tuvo la culpa? ¿A quién podemos cargarle el muerto de tamaña metedura de pata? Son preguntas que no deben dejar dormir a ninguna persona decente.

La relación de esta cadena de casualidades, equívocos y errores ayuda a tener una idea clara de las chapucerías en que incurrían habitualmente nuestros antepasados. Ya se empezó mal, rematadamente mal, porque el primer nombre que tuvieron las nuevas tierras fue el de Indias, que les aplicó tranquilamente Colón por confusión con la India oriental. Después se denominaron Indias Occidentales y este nombre fue el usado en España hasta bien entrado el siglo XVIII, a falta de otro más fácil de recordar. A partir de ese momento cada uno las llamó como buenamente pudo o como quiso. La palabra «América» se consolidó con la difusión del mapa del cartógrafo Mercator, en 1541 que, además, se forró vendiéndolo, el muy sinvergüenza.

El nombre de América deriva del navegante Américo Vespucio que, pese a ser italiano, siempre iba bien peinado. Américo es un nombre germánico: «Amal-rich», que significa «fuerte en el trabajo». La historia de esta derivación lingüística es en extremo interesante pero a nosotros no nos importa nada, por lo que nos la saltamos alegremente.

¿Cuál fue la razón de que América lleve su nombre? Vespucio no fue quien antes puso en ella el pie. Ni puso ninguna otra cosa. Tampoco afirmó falsamente el haber sido el primero en hacerlo y, lo que es más curioso, probablemente no supo nunca nada y cuando murió era ignorante del lío que se iba a armar con su apellido, que ya hemos dicho que era un nombre germánico y etcétera, etcétera. Durante mucho tiempo se acusó a Américo Vespucio de haber provocado voluntariamente la confusión y se escribieron muchos libros sobre el tema de si Vespucio fue un honesto hombre de ciencia o un sinvergüenza con ansias de notoriedad. Bien es verdad que distribuyó unas hojas impresas tituladas *Mundus Novus* (Nuevo Mundo), pero eran sólo publicidad de un bar de señoritas.

Pero lo del *Mundus Novus* fue lo que provocó la confusión que hoy nos ocupa. El caso es que Vespucio sí estuvo en América (a donde marchó, huyendo de sus acreedores) y cuando volvió, geógrafos, cosmógrafos, cartógrafos y peluqueros, así como la gran masa desearon que Vespucio relatase en detalle sus aventuras y sus exploraciones. En septiembre de 1504 (ese año que nevó tanto, ya saben) hizo imprimir un folleto titulado *Lettera di Amerigo Vespucci delle isole nuovamente trovate in quattro suoi viaggi*, donde relataba sus viajes en 1502, 1499,1497 y 1504, viajes interesantes, aunque un poco desordenados.

¿Qué pasó luego? Pues que un impresor pirata de Vicenza en 1507, con la sanísima intención de ganarse unos florines extra, reeditó el folleto, titulándolo *Mondo novo e paesi nuovamente retrovati da Alberico Vesputio fiorentino*, o sea: «El nuevo mundo y los países recientemente descubiertos por el florentino Américo Vespucio». El sentido quería ser «El nuevo mundo descubierto, escrito por Américo Vespucio», pero la elipsis de «escrito» provoca la ambigüedad. Una simple coma antes de la preposición «por» hubiera hecho clara la frase e imposibilitado cualquier malentendido, pero ¿quién sabe o ha sabido nunca usar adecuadamente los signos de puntuación?

El libro, reimpreso muchas veces porque se regalaba en los mercados con la compra de un kilo de cebolletas en vinagre, divulgó la falsa noticia de que Vespucio descubrió aquellos mundos y lo demás se lo pueden ustedes imaginar.

Otro dato curioso: cuando se vertió del italiano al latín la Lettera de Vespucio, muchos traductores tradujeron Américo por Albericus. (No se extrañen: conozco a muchos que traducen peor.) Pero en la

Cosmographiae introductio, donde se dibujó por primera vez el nombre en el mapa, el traductor Juan Basin escribió Américus. Si hubiera escrito Albericus, como era lo frecuente, hoy el continente no se llamaría América, sino Alberica, y parecería una aldea zaragozana.

Y me dirán ustedes, mis estimados alumnos y estudiantas, ¿no intervino en aquel asunto el famoso entrometido del Padre las Casas, que solía meter las narices en tantas cosas que no le importaban? Pues sí lo hizo, ¡faltaría más! Afirmó que Vespucio (que ya estaba muerto y enterrado y hasta había empezado a ser ya pasto de los gusanos, como es lo correcto en estos casos) había creado la confusión de mala fe, con el fin de escamotear a Colón el honor de ser el descubridor de América; por lo tanto, Vespucio era un impostor de los que sólo entran tres en un kilo.

Resumiendo, que es gerundio: durante todo el siglo XVII se entabla una disputa erudita entre historiadores que no tenían otra cosa mejor que hacer sobre si Vespucio dijo o no dijo, sobre si hizo o dejó de hacer. Como entonces no había programas de «farándula», las gentes se entretenían con estos temas y otros aún más estúpidos. En el siglo XVIII Voltaire escupe sobre su tumba (la de Vespucio, ¡claro! Hacerlo sobre la propia hubiera sido más difícil). En el siglo XIX el mismo Ralph Waldo Emerson (el famoso filósofo estadounidense, inventor del arroz con leche) llama a Vespucio ladrón y proxeneta (sobre esta segunda acusación no sabemos cómo pronunciarnos).

La verdad no resplandecería hasta los estudios del famoso profesor Magnaghi (del que no sabemos nada en absoluto, pues, a pesar de ser tan famoso, no le conocía casi nadie) que demuestran que la frase equívoca se imprimió sin conocimiento de su autor y que Vespucio fue un científico humanista, incapaz de fraude, que pagaba sus impuestos, que donaba sangre con frecuencia y colaboraba con varias ONG's.

En definitiva, América lleva, pues, el nombre de una persona eminentemente digna, aunque este pormenor no le ha servido al continente para nada, como su historia no para de demostrar...

Y bien mis estimados alumnos y estudiantas, necesito saber vuestra opinión... A ver usted, ¿qué me puede decir...? ¡¿Qué?! ¿Que me equivoqué de sala de clase? ¿Esta no es el curso...? ¿Qué? ¿Ustedes son de biología?... ¡Por las once mil vírgenes!

# VIGESIMOPRIMERA CLASE MAGISTRAL
## LEONARDO DA VINCI,
## COCINERO POSMODERNO

Buenas a todos, mis estimados educandos y discípulas.

Le llega el turno en nuestro programa, a estudiar al señor Leonardo Da Vinci. ¿Cuántos aquí conocen a este ilustre personaje?... ¿Ni uno?... ¿Ni siquiera han escuchado hablar sobre *La Gedionda*, su obra requetefamosa? ¡Por las once mil vírgenes...! Bueno, comencemos entonces la Clase para culturalizarlos un poco aunque sea...

Pero no tocaremos al Da Vinci clásico pintor. Claro que no. Eso lo pueden buscar en Internet... Hoy veremos una faceta poco conocida de ese gran genio, que sabía hacer de todo, desde cuadros o máquinas voladoras hasta pastelillos de hojaldre y pajaritas de papel. ¿Pero cuándo dejó Leonardo de pintar para dedicarse a hacer puré de patatas? ¿Eh? Pues cuando vio que a los cocineros les pagaban más.

Miren, muchos consideran a Leonardo el genio mayor de la humanidad, pero eso no quiere decir nada. También hay muchos que dicen que Tom Cruise es un buen actor. Así es que vemos que no hay necesariamente de fiarse de lo que digan muchos. En el caso de Leonardo pasa lo mismo.

No es que nosotros queramos quitarle méritos al hombre, pero diremos que no siempre le acompañó el éxito.

A partir de 1472 Leonardo trabajó como camarero para subvencionar sus gastos y los de sus efebos amantes, que le costaban un ojo de la cara, pues se empeñaban en comer frutas exóticas fuera de temporada. Al poco tiempo abrió un restaurante, donde en tres años entró poquísima gente y, además, todos pidieron huevos fritos con salchichón, por lo que los demás guisos se le estropearon.

Leonardo intentó revolucionar la gastronomía tradicional permutando el vinagre y la leche en ensaladas y postres. A él le debemos innovaciones tan curiosas para su tiempo como cocinar con venenos, listas de insectos comestibles, un manual de conductas indecorosas en la mesa y las primeras dietas-milagro.

Pese a que se enfaden conmigo los cocineros vascos, diré en su honor que Leonardo fue el creador de la *nouvelle cuisisne*. Diseñó platos primorosamente presentados con pequeñas porciones de comida sobre pedacitos tallados de polenta. Esto le acarreó las iras de su protector, Ludovico Sforza, que le había nombrado maestro de festejos y banquetes de su corte. Pero cuando cocinaba Leonardo, Ludovico siempre se quedaba con hambre y solía preguntarle, al ver media hoja de perejil sobre un dado de merluza ahumada: «¿Qué estupidez es ésta?» (Sólo que, ¡claro!, se lo preguntaba en italiano.)

Pero, mis estimados educandos y discípulas, para que no se nos acuse de difamación mencionaremos algunos de sus platos: una anchoa enrollada sobre una rebanada de nabo tallada en forma de rana, dos mitades de pepinillo sobre una hoja de lechuga, testículos de cordero con crema fría, un anca de rana sobre una hoja de diente de león, una pezuña de oveja hervida y deshuesada...

Todos sabes que en su cuadro sobre la última cena, no hay nada de comida en la mesa, sino sólo unos vasos.

Como aquello seguía sin darle para vivir, Leonardo intentó reciclarse y se convirtió en inventor de los electrodomésticos para la cocina. Sus mecanismos precisaban del esfuerzo de ocho o diez mozos y varios caballos, por lo que en vez de veinte cocineros trabajaba casi un centenar de hombres. Diseñó descomunales maquinarias tiradas por bueyes para machacar ajos, asadores automáticos, cepillos giratorios para limpiar suelos, cintas transportadoras y muchas otras. Construyó una máquina para eliminar las ranas de los barriles de agua: al saltar el animal sobre la trampa, se ponía en funcionamiento un martillo que le daba en la cabeza.

Pero estos ingenios no siempre funcionaban bien: fuelles gigantescos llenaban las cocinas de humo, los animales se paseaban a su antojo entre los fogones y una gran noria vomitaba agua sobre el suelo, convirtiendo este laboratorio de Leonardo en un inmenso caos.

De hecho, en cierta ocasión, los caballos tiraron con tal fuerza de un ingenio que las aspas giraron a gran velocidad y una marmita con un guiso de ciervo voló unos metros hacia arriba. Leonardo, de inmediato, le arrancó el vestido a un pinche de cocina, lo dejó desnudo y con hollín del fogón dibujó sobre su espalda los planos de aquello, con lo que luego inventó una máquina voladora.

Mis estimados educandos y discípulas, éste es el tipo al que más admiramos en Occidente y del que decimos que era un genio y que sabía hacer de todo. Y luego nos quejamos de que las cosas no nos vayan bien.

¿Ya tienen una idea sobre quién era el señor Leonardo Da Vinci?... A ver, usted... Si, es cierto, esta Clase dio hambre, vayan...

# VIGESIMOSEGUNDA CLASE MAGISTRAL
## MAGALLANES Y COMPAÑÍA

Buenas a todos, mis estimados estudiantes y colegialas.

¡Qué noticia les traigo! Resulta que hoy, como a las 4 y media de la madrugada, recibí un paquete de uno de mis grandes amigos en Madrid. La nota que lo acompañaba decía que yo debía leer esto en clase cuando fuera a estudiar a Magallanes y demás viajeros. Desde esa hora he estado reflexionando si se los leo a ustedes o no porque hoy, precisamente, toca ese tema.

¡Estoy muy nervioso! Es que no me gusta utilizar un texto en mi Clase sin antes no haberlo estudiado yo. Pero bueno, debo confiar en mi amigo madrileño… Permiso, paso a abrir el paquete… Así… ¡Aquí está! Y dice textualmente…

*Mi estimadísimo eminente y sabio Profesor Pericot:*

*Esto lo redacté para que usted, en su infinita humildad lo leyese en su clase. Sería para mí un inmerecido honor saber que compartió el fruto de mis reflexiones e investigaciones en clase.*

*Su agradecidísimo amigo de Madrid.*

Mis estimados estudiantes y colegiales, paso a leer entonces su trabajo:

*La verdadera crónica de la vuelta al mundo, con todas las peripecias que tuvieron lugar, relatadas por un autor anónimo que, por lo visto, siguió a las embarcaciones a nado sin perderlas de vista ni un sólo momento. El manuscrito lo encontré en un mercadillo que ponen todos los domingos en Madrid, junto a unas revistas de dudoso gusto, y presentaba huellas de que varias de sus hojas se habían empleado para envolver bocadillos de chorizo, a juzgar por las manchas de grasa. Los investigadores del Consejo Superior de Investigaciones Científicas de España, qué son quienes más saben al respecto, reconocen que no saben absolutamente nada al respecto y que no tienen ni la más mínima idea de quién pudo ser el autor, aunque aventuran la hipótesis de que probablemente era bizco.*

> Como aseguró un buen día
> ese pelmazo de Séneca
> en sus *Cartas a Lucilio*
> o en su tragedia *Medea*
> (no recuerdo exactamente),
> se probará que la tierra
> es redonda como un queso
> y se le dará la vuelta,
> opinión que, años más tarde,
> también sustentó Abulfeda.

*(Para bien de vuestros alumnos, mi estimado eminente e ilustrísimo Profesor Pericot, hemos de decir aquí quién demonios era Abulfeda y qué pito tocaba en este asunto. Pues*

*Abulfeda era un filósofo árabe, aunque feo, que se especializó en comentar a Aristóteles y en tejer bufandas de lana para un gato muy friolero que tenía. Unos historiadores dicen que nació en un sitio y otros dicen que nació en otro. Y no faltan los que dicen que nació en otro sitio más diferente todavía que los anteriores o que quizá, no nació en ningún sitio. Pero esto no nos importa mucho, ¿no es cierto? O, dicho de otra manera: ¿se puede vivir en este mundo sin saber quién era Abulfeda? Evidentemente sí se puede. Así es que no nos preocupamos más del tema y seguimos con nuestro húmedo relato.)*

Tal pretendió Magallanes,
un marino lisboeta,
que quiso hallar un camino
al edén de las especias
por la ruta de Occidente
para ganarse unas perras.

*(Ahora es pertinente explicar que son "unas perras". Lo explicaré, pero será la última vez que explique algo, porque si tengo que interrumpir a cada momento la trascripción de esta maravillosa obra literaria, no acabaremos nunca. "Una perra" era una moneda española que no valía casi nada. Pese a llamarse igual, había dos diferentes, porque eran la misma perra, pero una era "una perra gorda" y la otra era "una perra chica". Como, pese a ser la misma perra, eran diferentes, se las llamaban gorda y chica para diferenciarlas, porque la chica se diferenciaba de la gorda en que era más chica que la gorda, que era diferente de ella, a diferencia de la gorda que se diferenciaba a su vez de la otra moneda diferente, que era la chica, en que era más gorda que la chica, que, a diferencia de la gorda, que era gorda, era más chica que ella; o*

Magallanes quiso un préstamo
para financiar su empresa
pero no le hicieron caso
en ninguna financiera.
Se fue a ver a Carlos Quinto,
por si éste estaba de buenas,
que, a más de luso, era iluso.
Más al hacer la propuesta
tuvo suerte, porque el otro
accedió, usó su tarjeta
Visa y le compró una flota
bajo la hispana bandera.
Al poquito de zarpar
empezaron los problemas,
que los recios españoles
aborrecían la obediencia
debida al gran Almirante
a quien despreciaban por
haber venido de fuera
a quitarles el trabajo,
y decían con fiereza
que no es lo mismo ser luso
que haber nacido en Palencia.
Bajan costeando el Brasil,
se empeñan en dar la vuelta
por abajo al continente
por si encuentran una puerta
(y todo por no cruzar
el metro y medio de selva

que entre los dos mares hay
en puntos de Centroamérica.)
Llegan al río Amazonas
en tres semanas y media
(esa famosa corriente
que toma el nombre de aquella
tribu de hembras marimachos
que se cortaban las tetas
para disparar mejor
de esa manera las flechas.
Para más información
consulten la Wikipedia.)
Van cada vez más abajo
y ningún estrecho encuentran.
Paran en la Patagonia
un mes, a ver cómo nieva.
La tripulación, nerviosa,
está nerviosa e inquieta
y a la mínima, por nada,
se meten en mil peleas,
pues quisieran estar muertos
o veraneando en Marbella.
El Almirante sofoca
treinta o cuarenta revueltas,
y castiga a muchos, pues
no está para cuchufletas
y no puede tolerar
ni escupitajos ni ofensas
como la de sus marinos,
que le llaman cosas feas.
Llegan por fin al estrecho
del Cabo de las Tormentas

y el agua que les cae hace
una piscina en cubierta
donde nadan los marinos
para aprovecharse de ella.
Al cruzar pierden tres barcos
pierden vituallas y velas,
tres carteras, un reloj
y un paquete de galletas.
Ya están en el Mar del Sur
donde hace un frío que pela.
La mar no se acaba nunca,
porque está bastante llena
de ese líquido mojado
que tiene sales disueltas
y que llaman «agua» los
expertos en la materia.
Arriban a varias islas
sucias, aunque pintorescas;
libran diversos combates
con los tipos que las pueblan.
Quiere la suerte que en uno
el Almirante intervenga
y éste su intervencionismo
tiene conclusión funesta.
Porque como le sacuden
un trastazo en la cabeza,
se desmaya y luego muere
casi sin darse ni cuenta.
Los indígenas nativos
de las Islas Filipeñas
se lo comen a bocados.
Amén. *In pace requiescat.*

«¡Ya era hora«, piensan todos,
que el escalafón corriera!»
Le encargan a Juan Elcano
que dirija lo que queda
de aquella flota "rompida"
por sufrimientos y penas.
Ya solo queda volverse
a tiempo para las fiestas
de la Paloma, a beber
vinos, güisquis y cervezas.
Aunque vuelven para casa
las perspectivas son feas.
Ya agarran el escorbuto
(por no comer cebolletas)
y se les caen a pedazos
todos los dientes y muelas.
Ya no quedan alimentos
y el *after shave* escasea.
¿Cómo te describiría
¡oh, lector de gran paciencia!
cuánto se sufre ayunando
y más si no es en Cuaresma?
Sueñan con aperitivos:
calamares y croquetas
migas, chorizo, lacón,
y aceitunitas rellenas;
con garbanzos y judías,
con un plato de lentejas,
con alcachofas, cebollas,
pimientos y berenjenas,
con cualquier cosa ingerible
que haga aumentar sus plaquetas.

Se comen parte del barco:
los mástiles y las velas,
el mascarón de la proa
cuarenta metros de cuerdas,
una bandurria, dos gatos,
al grumete, una libreta
en la que al jugar al póker
iban poniendo las deudas,
comen ratas, cucarachas,
una escoba, seis novelas,
un retrato de Bolívar
y hasta un mapa de Noruega,;
en fin, que nunca se vio
tripulación tan famélica.
Ya le dan la vuelta a África.
Ya está el Mare Nostrum cerca.
Ya llega la expedición,
de la que nadie se acuerda;
ya aparcan el barco en
Sanlúcar de Barrameda.
Están todos tan delgados
que las costillas les cuentan
y vienen los marineros
en condición tan decrépita
que no les conocen ni
sus madres ni sus abuelas.
Han llegado dieciocho
de los doscientos sesenta
y cinco que se enrolaron,
que, si me sale la cuenta,
es como un siete por ciento
(¡y eso que yo soy de Letras!).

El rey Carlos Uno y Cinco
se despierta de la siesta
cuando llegan los marinos,
queda con la boca abierta
de sorpresa al comprender
que han rodeado el planeta
un puñado de españoles
que regresan en chancletas
y despidiendo un olor
muy peculiar de sus prendas
aunque no es precisamente
el olor de las especias.
No importa. A Elcano le otorgan
un escudo de nobleza
(donde aparece un castillo
con quinientas siete puertas
que tiene encima una luna,
siete soles, veinte estrellas,
quince asteroides y casi
casi una galaxia entera)
y a los marinos les dan
a todos en recompensa
seiscientos maravedíes
y un chalet en la Riviera.


Hasta aquí la lectura del texto de mi amigo de Madrid. Pues bien, mis estimados estudiantes y colegialas, ¿qué les pareció?... ¡No griten! ¡Un momento! Vamos a hacerlo ordenadamente... Que le levante la mano el que le gustó la lectura... ¡No entiendo!...Repito, si alguien no disfrutó de la lectura que levante su mano… ¡¿Pero cómo es posible?! ¿No se dieron cuenta de que esa era mi forma de escribir y contar? ¿No se dieron cuenta de que todo eso de recibir un paquete anoche, de ese amigo de Madrid y todo, todo, fue una mentira mía para hacer mi Clase más entretenida?... ¡Que levante la mano el que se dio cuenta de mi broma?... ¡¿Qué?! ¿¡Todos?!... ¡Por las once mil vírgenes!

# VIGESIMOTERCERA CLASE MAGISTRAL
# TODO GIRA ALREDEDOR DE ÉL

Buenas a todos, mis estimados escolares y bachilleras.

Hoy estudiaremos un personaje superhiperimportante, por su aporte a la comprensión del Universo. Me refiero a Nicolás Copérnico.

Pero para hablar de Nicolás Copérnico debemos ir un poco atrás... ¡Por las once mil vírgenes! ¿A dónde van...? ¡No, no hay que moverse hacia atrás! Fue un giro verbal que utilicé. ¡A sus asientos!...

Bien, Nicolás Copérnico nació 70 años antes de su muerte, lo que explica que no disfrutara la vida ni anterior ni posteriormente a su existencia.

El sobrenombre de "Nico", no se sabe si se lo pusieron a causa del inicio de su nombre, o del final de su apellido, o del centro de su conversación donde repetía siempre frases como: "Niconcuerdo con la forma de entender el universo, Nicomprendo el geocentrismo, Niconcibo el sol moviéndose, etcétera.

Este gran prusio-polaco fue matemático, jurista, físico, clérigo católico, gobernador, líder militar, diplomático y economista. Pero fue por las presiones de sus amigos que decidió tomar algunas horas de ocio, las cuales ocupó en la astronomía.

Miren… ¿Por qué miran así? ¡Yo usé "miren" como un giro verbal!... Continuamos… Se dijo -y aún se dice-, que Copérnico es el fundador de la astronomía moderna, distinción que no aceptó nunca en su vida por humildad, por respeto a sus colegas y porque esa valoración la hicieron después de su muerte.

¿Pero qué hizo este hombre que tanto revuelo causó en el Renacimiento?

Bueno, se podría decir que Copérnico, pasó cerca de veinticinco años trabajando en el desarrollo de su modelo heliocéntrico del universo, sólo descansando los domingos por la tarde.

¿Y qué significa el heliocentrismo?

Bueno, la teoría aceptada hasta ese momento y defendida a brazo partido por el cristianismo, explicaba que el mundo giraba alrededor del Hombre. Pero a Copérnico eso no lo convencía. Por ello, desde muy joven comenzó a investigar en cuál específicamente, de los millones de hombres de nuestro Planeta, giraba el Universo.

Como su estudio se hacía largo, agotador y costoso, cambió su estrategia y se puso durante más de 40 años a observar el cielo, llegando a una pasmosa conclusión después de varias luxaciones de cuello: la Tierra no permanecía inmóvil mientras el resto de los astros giraban a su alrededor, sino que ella también se movía, junto a los demás planetas, alrededor del Sol.

Piensen, mis estimados escolares y bachilleras… ¡Paren de hacer todo al pie de la letra! ¡No ordené que levantaran la cabeza, se acariciaran la mandíbulas y semicerraran los ojos! ¡"Piensen" fue otro giro verbal!... ¡Por las once mil vírgenes!... Ya, sigamos…

Decía que imagínense lo fácil de saber eso en la actualidad, donde cualquiera se puede montar en un satélite, dar una vuelta y comprobarlo. Pero en aquella época, Copérnico lo descubrió con un telescopio con una lente de aumento algo mayor que los cristales de los anteojos de Woody Allen.

Por supuesto, en su época no aceptaron la teoría, al no conocer a Woody Allen y porque las instituciones imperantes eran muy conservadoras como la Iglesia Católica, el Luteranismo y el Tea Party científico.

El momento más difícil en la vida de Copérnico fue cuando se enteró de que su teoría heliocéntrica fue concebida por primera vez por Aristarco de Samos (310-230 a. C.), astrónomo y matemático griego. Después de pasar por distintas reacciones emocionales, se repitió mil veces que eso era mentira y una vez convencido, decidió no nombrar al pobre griego en su obra.

Al final de su vida, gastó todos sus ahorros en un nuevo telescopio quedando en bancarrota. "No tengo dónde caerme muerto", se le escuchó decir en medio de su enfermedad. Sin embargo, en el año

2005 se descubrió que eso que dijo era falso, porque un equipo de arqueólogos polacos halló sus restos en la Catedral de Frombork, teoría que fue verificada en 2008 al analizar un diente y parte del cráneo y compararlo con un pelo suyo encontrado en uno de sus manuscritos, el cual usaba para marcar sus lecturas. A partir del cráneo, expertos policiales, reconstruyeron su rostro, coincidiendo éste con el de su retrato, comprobándose así que no era ni animadversión hacia él, ni venganza del pintor de su época.

Concluiremos entonces la clase con una reflexión que nos sirva a todos: mis estimados escolares y bachilleras, a partir de Copérnico se desencadena la idea de que el hombre ahora está gobernado por su Razón. Y esta razón humana puede ahora apoderarse de la Naturaleza: dominarla, controlarla y como sabemos, destruirla también. Ejemplos: las guerras, los químicos, la contaminación y la televisión abierta… ¿Qué? ¿La televisión abierta no? Vengan acá y cuando… ¡Por las once mil vírgenes! ¡Atrás todos! "Vengan acá" es un giro verbal. ¡¿Que les da igual mis giros verbales?! ¡Pues váyanse a…! ¡¿A dónde van?! ¡Regresen! ¡Estaba diciendo otro giro…!

# VIGESIMOCUARTA CLASE MAGISTRAL
## DIARIO DE UN GENIO

Buenas a todos, mis estimados aprendices y alumnas.

En esta oportunidad estudiaremos la obra de Galileo Galilei.

Este italiano nacido en Pisa, desde joven tuvo inclinación –como la torre-, hacia las matemáticas. Fue un seguidor de Pitágoras, aunque jamás lo alcanzó, ya que este sabio griego comenzó su carrera mucho antes.

Galileo ha sido considerado como el "padre de la astronomía moderna", el "padre de la física moderna" y el "padre de la ciencia", pero lo que no consideran es que también fue el padre de Virginia, su primera hija y –según algunos-, una motivadora de sus descubrimientos.

Por lo anterior, les leeré la fotocopia de un fragmento del diario de este científico, el cual es lo único que se conserva de ese documento. Casi literalmente digo, porque se halló dentro de un frasco de conserva en una casucha abandonada en la Toscana.

Comienzo su lectura entonces…

08:03… Vino Marina y dejó a mi cuidado nuestra hija Virginia. En pocos minutos la niña se cayó cinco veces pegándose fuerte contra el suelo. Me alegré, pero no de los golpes que se dio la pobrecita, sino por inspirarme a estudiar la caída libre de los cuerpos.

09:00… La niña tiene escalofríos. Ojalá se mantenga enfermita más tiempo para que me dé tiempo a inventar el termoscopio.

09:18… Me quedó bueno el aparato, pero no pude crear una escala, así que le tomé la fiebre poniéndole mi mano en su frente. No es muy científico el método, pero funciona. Le di un baño de tina con agua helada y está mejorando. Aunque no me gusta la tosecita que le quedó.

10:14… Está ya recuperada. La dormí, la envolví en su sabanita y la amarré al péndulo del enorme reloj de pared del comedor. Se pasó un buen tiempo meciéndose. Observándola me di cuenta de que a pesar de que la amplitud de las oscilaciones se iba reduciendo, permanecía sensiblemente constante la duración de las mismas. Repetí muchas veces el experimento y aún con las desconcentraciones que me producía los chillidos de Virginia, acabé por descubrir la relación existente entre dicha duración y la longitud de la cuerda que soportaba al peso oscilante. La llamé "isocronismo de las pequeñas oscilaciones". Se lo expliqué a mi hija, pero lamentablemente no lo valoró.

10:00… Acabo de observar la luna por el telescopio. Sin dudas, eso que vi son montañas. Debo recordar presentar los dibujos que acabo de hacer. ¡Qué gusto me daré refutando la tesis aristotélica de que los cielos son perfectos, y en particular la Luna, cuando dice que es una esfera lisa e inmutable. La niña también está inmutable. Debe estar muy entretenida.

11:05… ¡Están duplicadas las estrellas visibles! ¡Y no aumentan de tamaño, cosa que sí ocurre con los planetas, el Sol y la Luna! ¡Qué banquete me daré haciendo talco la teoría egocéntrica! ¡Me he quedado boquiabierto, tieso y sin resuello! Pero a causa de que Virginia se cayó del péndulo del reloj de cabeza al suelo. ¡Y ni chistó! ¡Como si fuera de goma! Repetí ese experimento varias veces hasta que mi asistente la recogió en la última caída y salió gritando, creo que al puesto médico. ¡Qué histérica son las mujeres!

11:31… ¡Por Júpiter! ¡Acabo de ver cuatro cuerpos celestes que le dan la vuelta a ese planeta! Bueno, son más bien marrones que celestes, pero le dan la vuelta a Júpiter. Esta es una importantísima prueba de que no todos los cuerpos giran en torno a La Tierra. ¡Cómo se pondrán mis detractores en el Vaticano! ¡Y sobre todo a los seguidores de Ptolomeo! ¡A "pto" no lo meo, lo haré caca! ¡Ay, qué risa…! Produciré una conmoción. Como la que recibió mi hija al caerse hace un rato, la pobre. Llegó del puesto médico corriendo y sucedió algo increíble: ¡no se cayó! Eso me dejó boquiabierto, tieso y sin resuello. Pero sólo por un rato. Sin embargo, el paso del tiempo y la ausencia de caídas de la niña, me dejan boquiabierto, tieso y sin resuello de nuevo.

11:56… De un minuto a otro tengo que descubrir algo.

11:57… Ya estoy en otro minuto y nada. No entiendo esta mala racha. Tengo que pensar más… Concéntrate Gali…

12:00… Puse a mi hija envuelta en su sabanita otra vez en el péndulo y no se cayó. Momentos plácidos que usé para seguir con mi telescopio. Instantes sólo interrumpidos por el pote de grasa de carreta que se comió la niña cuando se bajó sin que la viera y la histeria de mi asistente corriendo de nuevo al puesto médico.

13: 59… Con la paz de la casa en silencio pude descubrir que "el Sol, por ser el Sol, tiene sus manchas", como dirá un prócer algún día. Con este descubrimiento y con la ayuda de la teoría matemática de los "versenos" (para los aberrados voyeristas, me refiero a una función trigonométrica), demostraré que esas manchas están en la superficie del Sol. ¡Ya quiero verles las caras a esos tarados pseudocientíficos y a los Jesuitas del Colegio Romano que tanto me odian! ¡Están muertos! Un minuto de silencio para ellos…

16:24…

16:25…Ya está.

16: 26... Echo de menos a la niña. Ya me gusta quedarme boquiabierto, tieso y sin resuello. Pero bueno, debo a provechar el tiempo que pasa rapidísimo.

16:27... Ya pasó un poco el tiempo y no he hecho nada. ¡Me molesta tener razón siempre!

19: 35... Llegó Virginia. Mi asistente la dejó y huyó disparada. Le pagaré sólo medio día... ¿Eh? No sé qué le dieron de tomar a esta chiquilla, porque está orinando con tanta fuerza... Y no para... Es algo inaudito.... ¡Y continúa!... No sé qué hacer, ya el líquido me llega a los tobillos. La acostaré encima de la mesa para que no se ahogue... Lo hice. En medio de este absurdo me tuve que sonreír, porque parece una estatua de un angelito vertiendo en una fuente.... Ya el nivel me da por los tobillos... me asomaré por la ventana y pediré ayuda... La luz de la luna una está... ¡Un momento! ¡Virginia dejó de orinar y la marea sigue subiendo! Eso significa que la luna, por la posición en que está no influye en las mareas. ¡Lo que influye es la rotación de La Tierra...!

20:47... Alguien entró sin tocar. ¡Pero si es un Inquisidor! ¡Dios mío, me acusarán, me enjuiciarán y me condenarán por mis teorías, como una bruja cualquiera!

21:00...Ahora sí estoy perdido. La niña mordió al Inquisidor y éste se quedó boquiabierto, tieso y sin resuello...

Hasta aquí el fragmento de diario de Galileo. ¿Fue de su agrado mis estimados aprendices y alumnas? ¿Qué? ¿De verdad que les gustó? ¡No puedo creerlo! Los felicito… ¿Cómo…? No, no puedo continuar porque no se ha encontrado el final del diario… ¿Qué? ¡Yo no tengo la culpa! ¿De dónde voy a sacar el otro fragmento? ¡Pero entiendan…! ¡Dejen de revisar mis papeles! ¡No sean atrevidos! ¡Por las once mil vírgenes! ¡No me registren más…! ¡Je…! ¡Me están haciendo cosquillas…!

# VIGESIMOQUINTA CLASE MAGISTRAL
# LA CLAVE DEL REY SOL

Buenas a todos, mis estimados bachilleres y educandas.

Atiendan aquí, por favor. Acomódense en sus asientos que… ¡No, no se acuesten! ¡Por las once mil vírgenes! Cuando digo acomodarse me refiero a que se sienten correctamente en sus sillas. Bien…

Hoy aprenderemos sobre importante personaje histórico.

Corrían esos días del año 1638, donde se mezclaba la plena agonía del invierno con la entrada triunfal de la primavera con su fiesta de polen y alergias, cuando nació un niño real, pero no real por verídico, sino Real con "r" mayúscula.

Para empezar, la historia de la selección de su nombre es muy interesante. Se las cuento: siendo su padre Luis Trece, sus abuelos Felipe Tercero y Enrique Cuarto, su primo Luis Segundo y su tío y suegro Felipe Cuarto, era obvio que en sus genes venía un nombre con número. Así que primero Ana de Austria, su madre, quiso ponerle Camilo Sexto o Compay Segundo, pero el Rey insistió en ponerle Dian, como el primo de un tío abuelo suyo y como era la tercera vez que los reyes intentaban tener un hijo, se llamaría entonces Dian Tres, pero el nombre no sonaba bien. Ahí el bufón de Palacio tuvo una idea original, cambió el orden de las letras del nombre de "Luis", por "Ilus" y ya iban a bautizar al niño como Ilus Tres, cuando la Matrona Real propuso que el número del niño fuera Trece, como su padre, y no Tres. "Ilustrece", le dijo en su cara a Rey. En ese punto el Cardenal Mazarino aconsejó que el delfín se nombrara Luis, como su padre. Así, al ver que el bebé era tan pequeño de estatura, decidieron ponerle Luis Doce y Medio. Sin embargo, el Rey Luis Trece le achacaba su tartamudez y su idiotez a su dependencia de Richelieu y también a la mala suerte de cargar con ese fatídico número en su nombre, por lo tanto, se armó de valor y bautizó al niño como Luis Catorce.

¿Qué les pareció mis estimados bachilleres y educandas? Increíble anécdota, ¿no es cierto?… ¡No es necesario mover afirmativamente la cabeza de esa manera. Con una vez basta. ¡Atiendan aquí! Continuamos…

Pues la vida de este Rey es aún más interesante, porque a los cinco años murió su padre Luis Trece, con tan sólo 33 años de edad. "Muero un martes por la mala suerte de mi número", dijo antes de dar el último suspiro. Y con esa corta edad, Luis Catorce se sienta al Trono de Francia, escalándolo por el espaldar.

Al llegar a la mayoría de edad, el Rey se dio cuenta de que el pueblo francés necesitaba más poder y gloria, por lo que un día se levantó y reclamó el territorio de Brabante, en los Países Bajos, lo que daría pie a la Guerra de Devolución, en la cual participó personalmente; no tuvo ninguna dificultad en conquistar Flandes; firmó el Tratado de Dover; le declaró la guerra a las Provincias Unidas, ganó la posesión de más ciudades y retuvo el Franco Condado; firmó el Tratado de Nimega, pero continuó agrandando su ejército; ocupó Estrasburgo; multiplicó las colonias francesas en el extranjero y reforzó el galicanismo, una doctrina que limitaba el poder papal en Francia, aumentando el suyo. En fin, que esa noche el pobre hombre cayó muerto de cansancio en su cama.

Pero hizo más, mis estimados bachilleres y educandas…. ¡Por las once mil vírgenes! ¡Atiendan aquí, por favor!... Les iba a decir que el Luis Catorce alejó la política y la vida social de la insalubridad de París y se llevó la asquerosidad y los malos olores al Palacio Versalles, el cual amplió para congregar ahí a la Corte y tenerla controlada, con banquetes y celebraciones subidas de tono.

Conclusión, el reinado de Luis Catorce es considerado como el más grande de la Historia de Francia. Lo demuestran sus enormes aportes. Entre otros:

- Añadió al país diez nuevas provincias y un imperio.

- Elevó la imagen país como nunca antes, apoyándose en la comida, el estilo de vida, etc.

- Le subió el impuesto a los campesinos, ya que la nobleza y el clero tenían exención.

- Le aumentó dos centímetros al largo de las pelucas.

- Le disminuyó dos centímetros al grosor del polvo en la cara.

- Amplió a todo el rostro la ubicación del lunar pintado.

- Instituyó el aseo personal obligatorio dos veces al año.

Sin dudas, su espíritu de sacrificio, su humildad y su vocación de servicio tuvo sus frutos: logró un Estado de monarquía absoluta. "El estado soy yo", fue una de sus frases más conocidas. La última que dijo "El Rey Sol", como le decían, fue: "Me marcho, pero el estado permanecerá". Lo que demostraba su poca claridad mental en la agonía, porque si él era el estado, no podía marcharse y a la vez permanecer. Pero quizás fue todo lo contrario y tuvo una instante de lucidez extrasensorial y vio cómo su sucesor, Luis Quince decía "Después de mí, el diluvio", frase premonitoria, ya que Luis XVI tuvo un diluvio de sangre cuando lo guillotinaron, terminando así con la monarquía absoluta y hasta con la relativa.

Pero lo anterior no es un dato seguro. El afamado francesólogo Rubens Aguiarde tiene otra versión y afirma que la frase de Luis Quince, el descendiente del Rey Sol, fue realmente: "Después de mí, fa".

¡Atiendan aquí! ¿Tienen alguna duda?... ¿Alguna duda?... ¿Alguna…?

# VIGESIMOSEXTA CLASE MAGISTRAL
# GRAN OBRA SOBRE UN GRANDE

Buenas a todos, mis estimados alumnos y discípulas.

Debo informarles que traía preparada para hoy una disertación sobre la vida y obra de Federico, el Grande. Sin embargo, antes de venir aquí he recibido una carta vía correo tradicional, donde un reconocido colega me envía el libreto de una obra de teatro escrita por él, precisamente sobre este personaje histórico que trataría en mi Clase hoy.

Pues debo confesar que la leí y puedo asegurar que esta obra enseña más que cualquier ponencia. Por lo tanto, en vez de disertar, me limitaré en esta ocasión a leer su carta. ¿Están de acuerdo?... ¡¿Por qué no?! ¡Por las once mil vírgenes! ¡Más respeto con tan distinguido colega!...

La carta dice así...

*Por lo que más quieras Pericot, ¿cuándo me vas a...?*

Perdón... paso directamente a la obra...

# EL GRAN GUERRERO
## (Obra en un acto y en el acto)

*(Se oscurece la sala y se abre el telón. se encienden las luces del escenario. Escenografía de estilo realista: tres paredes de mampostería hacen las veces de salón de reuniones del palacio de Rheinsberg. Una gran lámpara de araña apagada cuelga sobre una larga mesa de cedro. Alrededor de ésta, los actores aparecen sentados en sendas sillas de estilo vienés, representando a Federico «el Grande», a Otto Krusse, mariscal de campo del ejército prusiano y demás oficiales y suboficiales de la compañía de zapadores. Además, se ven enormes cuadros de escenas épicas, cortinas de terciopelo, relojes de pie, estatuas de mármol y una descomunal escalera de granito que sube hasta la tramoya. Los actores visten uniforme azul Prusia, obviamente. Es de noche. Se oye música. Todos los textos se dicen en alemán con acento húngaro y polaco. El mariscal, al hablar, arrastra la "r". Federico, al hablar, arrastra la "k". Los espectadores al ver cómo hablan, arrastran una cadena.)*


**FEDERICO, EL GRANDE:** *(Con firmeza.)*... Entonces, mañana avanzaremos unos treinta kkkilómetros, arrastrándonos a través de los riscos de la costa. *(Orgulloso.)* ¡Mañana el mundo entero sabrá del éxito de los zapadores prusianos! ¡Los mejores de todos los tiempos!

MARISCAL: Yo tengo una duda grrrande, en cuanto a ese avance, Majestad. Me parrrece absurrrdo que tengamos que arrrrastrarrrnos así, varrrios kilómetrrros, en esas condiciones y usando el uniforrrme de cerrremonias que rrrecién se les entrrregó a las trrropas.

FEDERICO: No me importa. ¡Mejor! Así nos mezclaremos con el campesinado que viste andrajosamente, y no nos descubrirán.

MARISCAL: Lo siento, Eminencia, perrro usted no puede sacrrrificar la elegancia y gallarrrdía de nuestrrro Ejérrrcito, ni porrr una cuestión de segurrridad nacional.

FEDERICO: *(Pensativo)* Humm... es verdad, tiene usted razón... *(Enérgico)* Atiendan todos: cambio de planes. Usaremos la estrategia que bauticé "Kkkiwi en kkkiosco". ¡Mañana avanzaremos los treinta kkkilómetros en auto-stop...! *(Malevolo)* Je, je, los austriacos no esperarán esa maniobra... ¡Qué gran estratega militar soy!

MARISCAL: Perrrdone que insista, mi Rrrey, perrro tengo otrrra duda grrrande, en cuanto a ese avance. Me parrrece absurrrdo también que tengamos que trrrasladarrrnos así, en esas condiciones, sin una segurrridad, una prrrueba fehaciente de nuestrrra contrrrainteligencia, que nos perrrmita salirrr airrrosos en nuestrrros objetivos.

FEDERICO: ¡Pero si tenemos esa prueba! Hoy mismo recibí una paloma mensajera con una nota donde se me comunicaba que, según Inteligencia

Militar de nuestro Estado Mayor, podemos avanzar confiados hacia la victoria final.

MARISCAL: Disculpe, Excelencia, perrro entonces ¿porrr qué los austrrriacos están entrrrando trrriunfantes en nuestrrra capital?

FEDERICO: *(Consternado)* ¡Oh, no!... *(Constipado)* ¡Achisss!... ¡No le puedo creer! ¡No!... *(Compungido)* ¡Oh! ¡Cuánta falta me haces ahora, mi querido Von Katte!

DIRECTOR DE LA OBRA: *(En* off *y susurrándole a Federico)* ¡Arrastra la 'k'!

FEDERICO: *(Obedece a regañadientes)* ¡Von Kkkkkkkkkkkkkkkkkkatte!

DIRECTOR: *(En* off *y susurrándole a Federico)* ¡Son tres 'k' nada más! ¿Y quién es ese Von Katte que no está en el libreto?

FEDERICO: *(Al director en susurro y sin mover casi la boca para que el público no se dé cuenta)* ¡Un íntimo amigo que tuve en la juventud! ¡No te metas con él!

DIRECTOR: *(Sigue en* off *y susurrándole a Federico)* Nunca me habías hablado de él.

FEDERICO: *(Al director en susurro y de igual forma que la vez anterior)* ¡No me hagas una escena ahora!

DIRECTOR: *(En* off *y susurrándole a Federico)* ¡Literalmente la escena la estás haciendo tú! ¡Por lo que no puedes mencionar a ese tipo, porque no tiene nada que ver con el argumento!

FEDERICO: *(Al director en susurro también y con la boca casi de lado de tanto ocultar que habla)* ¡Déjame tranquilo! ¡No me fastidies más! ¡Además, yo soy Federico «el Grande» y mando más que tú! *(Al público en voz alta)* ¡Ooooh! ¡Cuánta frustración siento! ¡Kkkaráspita! *(Se congela la escena)*

DIRECTOR: *(En* off *y susurrándole a Federico)* ¡Esa palabra no es con 'k'!

FEDERICO: *(De frente al público, congelado, habla casi como ventrílocuo)* ¡La digo porque quiero! ¿Y qué?

DIRECTOR: *(Aparte)* ¡Ah, esto se jodió...!

*(Los actores saludan al público que no aplaude. El actor principal hace mutis por derecha gritando sin para "¡Soy Federico «el Grande»!", "¡El rey de la guerra!", "¡Soy Federico «el Grande»!". Va hacia el fondo del teatro. Cruza por frente a los camerinos, atraviesa el pasillo de las oficinas, saluda al sereno con la mano sin dejar de vociferar, abre la puerta de servicio del teatro y sale al exterior. Pero, en vez de la calle, se encuentra en una extensa planicie llena de cadáveres de soldados vestidos de azul Prusia. Aún se respira el humo de los cañones y el estiércol de la caballería. Federico suspira hondo y vuelve a gritar a todo pulmón: "¡Igual pasaré a la historia como Fritz «el Grande» o quizás como Freddy «el Guerrero»!")*

Perdonen mis estimados alumnos y discípulas, que me haya emocionado tanto al leer la obra, porque me sumergí mucho en el argumento. ¿A ustedes no les sucedió lo mismo?... ¿Tienen alguna duda?...

¡¿Qué?! ¡A ninguno de ustedes, ni a nadie, le pude interesar si era o no era eso! ¡Por las once mil vírgenes! ¡La vida personal es privada y propia de uno y no es motivo de comentario alguno! Aquí lo importante… ¡Aquí lo importante!... ¡¡Aquí lo importante!!...

… digan lo que les dé la gana…

# VIGESIMOSÉPTIMA CLASE MAGISTRAL
## LA TOMA DE LA BASTILLA

Buenas a todos, mi estimados educandos y colegialas.

Hoy es un día muy especial, porque la Clase abordará un tema demasiado importante para la Humanidad. ¿Ya saben a qué me refiero?... ¡Qué Campeonato Mundial de qué!...

Hoy van a tener el privilegio de conocer algo trascendental en la Historia del Planeta Tierra. Podría referirme a La Toma de la Bastilla, pero me quedo corto, mis estimados alumnos y alumnas. Hoy sabrán algo hasta ahora desconocido. Yo mismo he quedado sorprendido al llegar esto que tengo aquí entre mis manos.

Se van a quedar boquiabiertos. Les cuento que anoche, a las 3 de la madrugada, en el baño de la Terminal de Buses, tuve una cita con una fuente anónima, al mejor estilo de Garganta Profunda.

Les aseguro que pensaba dar la clase de La Toma de la Bastilla la semana entrante, pero esto me ha obligado a impartirla hoy, con la lectura de este archivo casi ilegal, pudiera decir. Comienzo dando algunos datos imprescindibles para su comprensión... Pongan atención...

Ante todo, aclaro que Pierre-Augustin Caron de Beaumarchais (1732 – 1799) fue un dramaturgo francés, famoso sobre todo por sus obras de ambiente español *El barbero de Sevilla* y *Las bodas de Fígaro*. Este señor vivía frente a La Bastilla y tras las persianas de su casa fue testigo privilegiado de La Toma. Pero una vez pasados los sucesos, se le ocurrió la idea de cruzar la calle y apoderarse de muchos y variados archivos que se guardaban en la Fortaleza, se supone que para estudiarlos y recrear historias para sus puestas en escena o algo así. Sin embargo, fue denunciado y tuvo que restituirlos.

Pero no todos los archivos volvieron a La Bastilla. Un criado pícaro hizo desaparecer uno, pensando que era muy valioso, pero al leerlo más tarde se desilusionó, lo regaló entonces y ahí comenzaron las peripecias del documento en cuestión, cuya fotocopia cayó en mis manos anoche, como les dije.

Se trata, de nada más y nada menos, que de una conversación que el asistente del alcaide de La Bastilla, Bernard-René, marqués de Launay, sostuvo con un extraño visitante, a las 2 y 45 p.m. del día 14 de julio de 1789, en su oficina. ¿Se dan cuenta de la importancia de todo esto?

Bueno, leo el documento a continuación y si alguien tiene alguna duda me detiene, por supuesto.

—En qué puedo servirle, señor… —le dijo el alcaide al hombre, señalándole una butaca estilo Luis XIII.

—Johnny, Johnny Taylor, nacido y criado en Norteamérica para servirle –contestó el extranjero sentándose antes de continuar—. Mire, marqués, mi objetivo aquí es para informarle que a las 3 y 30 p.m.; es decir, dentro de un rato, se efectuará La Toma de la Bastilla.

—¡¿Qué?! –exclamó el alcaide poniéndose de pie al mismo tiempo.

—Lo que escuchó. Pero cálmese, por favor, le voy a explicar –Johnny le hizo señas con sus dos manos para que se tranquilizara y volviera a su asiento, cosa que hizo el marqués casi automáticamente—. Mire, yo soy co—dueño y creativo de "Hitos" una compañía limitada de carácter transnacional, especializada en la producción de eventos históricos.

—¿Cómo…? –no entendió bien la autoridad francesa.

—En otras palabras –continuó el productor—, nosotros creamos, organizamos, producimos los mejores hechos históricos de este mundo. Nuestra marca lleva ya 20 años como líder en el rubro.

—¿Pero qué tengo que ver yo…? –intentó comprender el marqués.

—¡Espere! Para que me entienda mejor, respóndame, por favor. ¿Quién ganó la batalla de Saratoga en mi país?

—Bueno, ustedes, las Trece Colonias, ¿no?

—Exacto. ¿Y sabe cómo?

—No muy bien…

—Le cuento entonces… Mire, las tropas inglesas contaban con 8000 militares regulares, mercenarios alemanes y milicianos; sin embargo, no fueron capaces de soportar el contraataque de los milicianos voluntarios al mando de George Washington. Hubo 800 muertos estadounidenses y 1600 bajas inglesas, así como 6000 ingleses prisioneros.

—¿Y?

—Que todo eso es mentira. Mi Compañía se enteró de que los ingleses pensaban abandonar la guerra y darle la Independencia a mi país, por razones que no vienen al caso exponer aquí y enseguida ofrecimos nuestros servicios, algo que aceptaron ambos bandos cuando vieron nuestra propuesta.

—¿Qué propuesta? –quiso saber el alcaide, ya metido en la historia.

—Le mostramos al general británico Burgoyne y a George Washington, la importancia de coronar la Independencia de E.U. en una Batalla victoriosa. Y le dimos detalles de una que podría producirse en Saratoga.

—¿Y usted me dice que aprobaron esa locura?

—Por supuesto. Claro, el que puso más objeciones fue el derrotado, el general británico, pero al enterarse de los beneficios que obtendría Inglaterra y él en particular, aceptó.

—¿Cuáles beneficios?

—Lo siento, pero esa es información secreta.

—Bueno, pero, ¿y los muertos, los heridos y los prisioneros que hubo en esa batalla?

—Extras de la zona, señor mío. Sólo extras. ¡Dígame que no fue un éxito esa Independencia! ¡Fue por todo lo alto! ¿No es cierto?

—Sí, supongo que sí. Visto de esa manera… Pero ahora dígame, ¿ustedes piensan producir algo parecido en La Bastilla?

—Así es. Nos contrató la Asamblea Constituyente, porque creyó en nuestro proyecto.

—¿Qué proyecto?

—Mire, marqués, usted sabe perfectamente que estamos a las puertas de la Revolución Francesa, que a la Monarquía le falta poco, que esto tendrá una repercusión extraordinaria en el mundo entero, ¿no es cierto?

—Bueno, quizás Luis XV pueda…

—¡Nada! No puede hacer nada. Es más, en el proyecto está que lo guillotinen.

—¡¿Qué?!

—Así es. Entonces, se nos ocurrió que para simbolizar bien este Hito Histórico, nada mejor que una sublevación, un hecho violento, de sangre si se puede, pero que suene a símbolo. ¿Y qué mejor que tomar esta fortaleza, bastión de la tiranía monárquica?

—¡Oiga! ¡Cuide sus palabras que está ante un…!

—¡Cállese usted! Y no se haga el duro ahora, cuando le estoy dando una salida digna. Mire, a las 3 y 30 p.m. entrarán en la Bastilla miles de hombres armados, pero sin pólvora, porque aquí es donde está la pólvora y también para liberar a los presos, por supuesto. ¿Cuántos hombres tiene usted para defender la fortaleza?

—32 granaderos.

—Perfecto. Usted comenzará el fuego, ellos responderán y en un momento hace bajar el puente levadizo y cuando los atacantes entren los ametrallará. Ellos ya están entrenados para que parezca una masacre. Entonces, sorprende a todos rindiéndose. Ellos entrarán liberarán a los presos, tomarán toda la pólvora y saldrán con gritos victoriosos.

—¡Pero tanta cosa si son sólo siete presos los que tenemos aquí!

—Eso no lo sabe nadie, así que no importa. Lo que trasciende es el hecho heroico de salvarlos.

—¿Y yo qué hago a esas alturas?

—A usted lo tomarán preso y lo ejecutarán más tarde.

—¡¿Qué?!

—Pero de mentira, marqués. Ya tenemos a alguien muy parecido que se hará pasar por usted, ya muerto, mientras usted y su familia, va al exilio con el pago por esto, claro está.

—Lo tienen pensado todo, ¿eh?

—¡Somos los mejores en el mercado, señor! Ya se lo dije.

—¿Pero está seguro de que esta Toma de la Bastilla cumplirá sus objetivos?

—Se lo aseguro. Mire, ya tenemos situados a la salida a varios pintores clásicos y vanguardistas para lleven al lienzo los momentos gloriosos en que nuestros extras hacen que la conquistada Bastilla sea el símbolo revolucionario que buscamos.

—Bueno, señor gringo… hablemos entonces de mis honorarios…

Hasta aquí el documento. Me imagino que han quedado boquiabiertos, ¿no es cierto, mis estimados educandos y colegialas? ¿Alguien tiene una duda?... Sí, usted, dígame… ¡Qué sé yo cuándo suena el timbre!... (¡Por las once mil vírgenes!).

# VIGESIMOOCTAVA CLASE MAGISTRAL
## FIN DE CURSO

Buenas a todos, mis alumnos y alumnas.

Esta será la última Clase Magistral que les impartiré este año. Es emocionante pensar en lo que hemos trabajado durante todo el curso, pero dejaremos las palabras cargadas de sentimentalismo para la despedida, para esos momentos que viviremos antes de escuchar el último timbre y donde les confesaré algo muy importante.

La Clase de hoy estará dedicada al año 1799, hasta las 12 de la noche del 31 de diciembre.

Fue un año trascendental, porque su paso le abrirá las puertas a un nuevo siglo, donde explotará todo el talento científico y tecnológico del ser humano y explotarán las nuevas y destructivas bombas en las frecuentes guerras, que llevarán a La Humanidad a caminar al borde de un cataclismo apocalíptico hasta nuestros días. Pero ese es el tema de un próximo curso.

Ahora, despediremos este año académico con las efemérides del año 1799. Bueno, una parte nada más. La más importante, por supuesto. Una selección exquisita de lo acontecido en esos 365 días.

Por ejemplo:

22 de enero.-

*Un día como hoy...* a alguien se le ocurrió encabezar así esta línea para redactar las demás efemérides.

4 de mayo.-

*Un día como hoy...* en la fortaleza de Seringapatam (India), muere durante el combate que mantiene contra los ingleses, Sultan Fateh Ali Tipu, Tipu Saib o Tipu Sultán, como deseen decirle. O si prefieren, llámenlo por los apodos: "Sultán de Mysore" o "Tigre de Mysore".

Se le conoce así, como Tigre de Mysore, porque un día salió de caza al bosque con un amigo francés y se toparon con un tigre. Pero con tan buena suerte para el tigre, Tipu Sultan del susto soltó su rifle y su daga, y la fiera se lanzó sobre él. Dice la historia que el indio extendió su mano a tientas, tomó la daga y mató al tigre. Pero está también la versión de que, a tientas, el indio agarró a su amigo francés por el cuello y lo puso exactamente en las fauces del tigre y así tener tiempo para huir. Sin embargo, esta última versión no está autorizada en su biografía oficial.

Se sabe que cuando el Tigre de Mysore no estaba guerreando, siempre buscaba placer en la paz, entreteniéndose con su intenso proselitismo islámico, haciendo quemar todos los templos hindúes que veía, utilizando un sinnúmero de bengalas que lanzaba por las ventanas hacia adentro. Dicen que a partir de esos hechos le cambiaron el apodo por el del Tigre de Bengala, pero no se ha comprobado.

Los que sí trascendieron fueron los frutos de sus estudios del persa, lenguaje que dominó en profundidad y con el cual creó sus famosos opúsculos… ¿Qué? ¡No! ¡Por las once mil vírgenes! ¡Cómo se les ocurre!... Los "opúsculos" son breves obras científicas o literarias.... ¡Qué mentes más sucias!

13 de mayo.-

*Un día como hoy...* otro día como mañana.

20 de mayo.-

*Un día como hoy...* nace en Tours, Francia… ¿Qué? ¡No, nadie nace en el tour de Francia! ¿Se imaginan a una mujer pariendo en plena competencia ciclística? ¡Por las once mil vírgenes! ¡Tours es una pequeña, pero importante ciudad del centro de Francia!... Les decía que allí nació nada más y nada menos ¡que el gran Honoré de Balzac!... ¿Qué? ¿No saben quién es? ¡Por las once mil vírgenes! ¡Qué barbaridad!... Pues les informo entonces que Balzac fue novelista y principal representante, junto con Flaubert, de la llamada novela realista, autor, entre otras, de *"Eugenia Bobary"*y *"Papá Gorrión"* entre otras trascendentales obras.

21 de mayo.-

*Un día como hoy...* en Lyme Regis ("regia lima", en idioma español), condado de Dorset ("dorso del corset", en idioma español), Inglaterra, nace la paleontóloga y coleccionista de fósiles Mary Anning ("Anita María" en idioma español) que será conocida por sus múltiples e importantes descubrimientos que realizará en los lechos marinos del Jurásic ("período donde los homínidos juraban que veían dinosaurios", según un idiota español) en su localidad natal. Su trabajo, a principios del siglo XIX, contribuirá decisivamente a engendrar los cambios oportunos en la manera de entender la vida prehistórica y la historia de la Tierra ("y a sostener científicamente el guion de *Jurasic Park*, traducida al español).

6 de junio.-

*Un día como hoy...* nace —porque así lo decidió- el escritor y poeta ruso Aleksandr Sergeivich Pushkin en Moscú. Desde que llegó al mundo fue feliz, al darse cuenta de que sería el fundador de la literatura rusa moderna y del romanticismo en su país. Pero sobre todo, porque si hubiera nacido este mismo día, pero como 120 años después, hubiera sido el fundador del realismo socialista, algo más terrible que Iván... ¿Cómo? ¿Qué quién es Iván? Pues... ¡Qué Iván Zamorano de qué! ¡Por las once mil vírgenes!

15 de julio.-

*Un día como hoy...* el francés Bouchard descubre "la piedra Rosetta" en un pueblito del delta del Nilo. Enseguida se pone en contacto con un orfebre de El

Cairo para que la colocara en un anillo y entregársela a su novia como promesa de matrimonio, pero el egipcio lo convenció de que era difícil hacerlo por los 760 kgs. de peso de la piedrecita. Además, el orfebre aseguró que no podría grabarle su nombre y el de su amada, porque la piedra ya venía con unas escrituras desconocidas del siglo II a. C. (según los cálculos del humilde egipcio). El francés se desilusionó y quiso arrojar la piedra al Nilo para hacer "galletas" o "sapitos", como le dicen a jueguito de lanzarla para que rebote varias veces en la superficie del agua. Sin embargo, no logró mover a "Rosetta", que estaba plantada en sus trece y entonces le pidió ayuda a su amigo y coterráneo Champollión, que estaba en esos días en un tour por las pirámides y éste, al ver las escrituras diferentes en la piedra, la jeroglífica, la demótica (tipo de escritura egipcia) y la griega afirmó que pertenecían al mismo texto, entre otras cosas, porque los escritos tenían el mismo encabezamiento dirigido a la misma persona, porque tenían la misma extensión y porque un griego de su mismo tour le leyó la parte griega, un egipcio de su mismo tour le leyó la parte egipcia y un jeroglifo, colado en su mismo tour le leyó la parte jeroglífica.

Con ese descubrimiento, a Champollión lo condecoraron, al orfebre lo ascendieron a Ministro de la Industria Metalúrgica y el francés Bouchard nunca pudo casarse, por lo que se dio con la piedra Rosetta en el pecho.

3 de septiembre.-

*Un día como hoy*... se celebró la inauguración de una guerra. Ambas partes estaban felices.

4 de septiembre.-

*Un día como hoy*... enterraron a muchos que no estaban de acuerdo con la guerra del día anterior.

20 de octubre.-

*Un día como hoy*... alguien asumió la presidencia de un país latinoamericano en medio de una ola de protestas; alguien asumió la presidencia de un país europeo en medio de una ola de indiferencia; y alguien asumió la presidencia en un país asiático en medio de una ola de tsunami.

1 de noviembre.-

*Un día como hoy*... cayó preso alguien que dijo un chiste contra un dictador (un día como hoy ¡aún hay dictadores!).

9 de noviembre.-

*Un día como hoy*... Napoleón Bonaparte da un golpe de Estado, conocido como "el 18 brumario". Lo de brumario era por la bruma de esa noche, lo que provocó que el escribano de turno se confundiera y en vez de 9, escribiera 18. Pero apartando la inexactitud de las fechas, lo que si se marcó con precisión fue el fin de la Revolución Francesa y el ascenso al poder de Napoleón, hasta su derrota final, la cual se produjo cuando los ingleses le cortaron el agua y la luz, hecho mundialmente conocido como "Waterlú".

14 de diciembre.-

*Un día como hoy...* fallece George Washington, el descubridor de la Capital de los Estados Unidos, la cual fue bautizada con su nombre, como homenaje póstumo en 1790, nueve años antes de la muerte del prócer.

xx de diciembre.-

*Un día como hoy...* ustedes, mis estimados estudiantes y escolaras, recordarán este último día de clase y yo estaré disertando sobre otras efemérides.


Mis estimados alumnos y alumnas, ya está a punto de tocar el timbre que nos indicará el fin de las clases y la llegada de las evaluaciones.

Eso a cualquier grupo lo podrá intimidar; sin embargo, estoy convencido de que con ustedes será distinto.

Ustedes saben perfectamente que por la atención que han puesto durante mis Clases, por el interés que ha mostrado siempre y por la disciplina que han practicado en cada encuentro, ¡jamás!, jamás de los jamases podrán aprobar esta materia.

Pero no se preocupen, mis estimados alumnos y alumnas, ya es tradición que el 100% de mis estudiantes aprueben después de repetir mis cursos.

Les dije al inicio de la Clase de hoy que el final iba a ser emotivo. Pues no me equivoqué... Les confieso que en este instante vuestro Profesor Ignoront está sintiendo una enorme alegría por haber llegado hasta aquí y por poder decirles lo que durante el año supo callar...

¡Qué bien me siento, mis estimados alumnos y alumnas! ¡Por las once mil vírgenes!

# SOBRE LOS AUTORES

## Pepe Pelayo

Matanzas, Cuba, 19 de diciembre de 1952. Escritor, comediante, guionista, fotomontajista, especialista en teoría del humor e ingeniero cubano-chileno. Le han publicado más de 50 libros, como *Cuentos de Ada, El Chupacabras de Pirque y Gracias por enseñar. Educar con humor,* que se comercializan en casi toda Latinoamérica. Colabora en varias publicaciones internacionales. Como comediante ha desarrollado una larga carrera en teatro, TV, radio y cine en varios países. Fue fundador y director de la reconocida agrupación cubana *La Seña del Humor* (1984-1991). Imparte sus *Charlas Chaplin* sobre salud, pedagogía, convivencia, motivar a leer, calidad de vida, etc., todo a través del humor. Ha recibido 10 distinciones nacionales por su obra, como Premios Nacionales de Literatura Humorística en Cuba (1991) y Homenaje a su trayectoria en Chile (2016), y además 16 premios internacionales en gráfica y literatura. Sus obras gráficas han sido expuestas en Cuba, Chile, Brasil, Colombia, Estados Unidos, España, Italia, Alemania, Portugal, Turquía e Irán. Creador del sitio de consulta humorsapiens.com. Es Miembro de la Sociedad Internacional de Estudios del Humor Luso-Hispano, de RIEH (Red de Investigadores y Estudiosos del Humor en Chile) y Presidente de la Fundación Humor Sapiens. Más información en pepepelayo.com


## Enrique Gallud Jardiel

Nació en Valencia ese año que nevó tanto. Fue al colegio allí, estudió allá y luego se marchó al otro sitio a hacer aquella otra cosa, antes de irse a otra parte para dedicarse a algo distinto. Sus futuros biógrafos se enfrentarán con toda seguridad a un serio problema.

Tras obtener su grado de Doctor en Filología Hispánica curó muchos agramatismos, anacolutos, tautologías y otras enfermedades de la lengua que padecían sus compatriotas. Descubrió una vacuna contra el laísmo, pero un desaprensivo colaborador suyo le robó la patente en el último momento y la registró a su nombre.

Se dedicó a la enseñanza de cosas de las que no tenía ni idea mediante el procedimiento que recomendaba Quevedo para saber griego: hablarlo entre los que no lo entendían. Finalmente se cansó de la docencia y de que los estudiantes le copiaran en los exámenes y abandonó el mundo universitario, dejando allí algunas deudas.

Ha escrito más de ciento treinta libros (aunque muchos de ellos son el mismo libro, con distinto título y tapas diferentes, pero todavía nadie se ha dado cuenta). Le gusta dedicarse al humor porque el mundo no le parece un lugar serio en absoluto. Además, aborrece a la gente seria, que es la más mala de todas.

El autor ha incluido en su página web (www.enriquegalludjardiel.com) un resumen de su vida y obra, y también con sus datos personales, para que la policía no tenga problemas en encontrarle.

www.ingramcontent.com/pod-product-compliance
Lightning Source LLC
Chambersburg PA
CBHW022006120726
47992CB00001B/433